Dominic Kampshoff

Schallschutz

Dominic Kampshoff

Schallschutz

BIRKHÄUSER
BASEL

Inhalt

Vorwort

In urbanen und technisierten Umgebungen sind Menschen Geräuschen und Lärmquellen ausgesetzt, welche fortwährend auf sie einwirken. Dies kann sich unter Umständen negativ auf die Gesundheit auswirken. Gerade in Räumen, in denen sich Menschen zum Wohnen oder Arbeiten länger aufhalten, ist es wichtig, Störungen zu reduzieren und für eine angenehme Akustik zu sorgen.

Schallschutz umfasst nicht nur die Anforderungen an Bauteile und die schallbestimmenden Eigenschaften von Raumoberflächen. Schallschutz hat genauso direkte Einflüsse auf städtebauliche Strukturen, die Grundrissgestaltung, den baukonstruktiven Aufbau der Bauteile und ggf. die Haustechnik. Neben dem Schutz vor Immissionen leistet auch die Gestaltung einer guten Raumakustik einen wichtigen Beitrag zum Wohlbefinden und der Nutzbarkeit von Innenräumen wie Hörsäle oder Großraumbüros.

Um solche Leitgedanken bereits im Entwurf berücksichtigen zu können, ist ein fundiertes Wissen über Anforderungen und Möglichkeiten des Schallschutzes notwendig. Es umfasst neben den baukonstruktiven Lösungen vor allem das Verständnis für physikalische Zusammenhänge und die daraus resultierenden notwendigen Maßnahmen. Wichtig ist es, schallschutzbezogene Belange als integralen Bestandteil einer Entwurfsaufgabe zu begreifen. Der Band „Basics Schallschutz“ gibt hierzu eine umfassende Einführung und hilft eigene Entwürfe sachgerecht auszuarbeiten.

Bert Bielefeld
Herausgeber

Einleitung

Der Schallschutz ist ein Teilbereich der Bauphysik und hat bei der Planung von Gebäuden und Anlagen einen hohen Stellenwert. In der Praxis bedeutet dies, geeignete Lösungen für akustische Probleme zu erarbeiten und sie mit den Anforderungen anderer Fachgebiete (u.a. der Statik, thermischen Bauphysik und dem Brandschutz) in Einklang zu bringen. Der Schallschutz kann grob in die Bereiche Schallimmissionsschutz, Bauakustik und Raumakustik unterteilt werden.

Der Schallimmissionsschutz betrifft den von außen auf ein Gebäude einwirkenden Schall, beispielsweise durch Straßen- und Schienenverkehr, Industrie- und Gewerbebetriebe, Hafenbetrieb, Tiefgaragen, Freizeitanlagen. Insbesondere in lärmbelasteten Gebieten ist eine frühzeitige Betrachtung der auf das zu planende Gebäude einwirkenden Schallimmissionen notwendig, da sie die Grundlage für den konstruktiven Schallschutz der Außenbauteile bildet und sich daraus grundlegende Entscheidungen zur Gebäudeausrichtung und Grundrissgestaltung ergeben können. > Kap. Schallimmissionsschutz

Die Bauakustik behandelt den Schallschutz eines Gebäudes. Hierbei sollen Aufenthaltsräume vor Lärm von außen und vor innerhalb des Gebäudes auftretenden Geräuschen aus fremden Räumen und von haustechnischen Anlagen geschützt werden. Dabei ist zu beachten, dass bei steigender schalltechnischer Qualität der Außenbauteile der innere Lärm umso deutlicher wahrgenommen wird. Bei der Planung des inneren Schallschutzes sollte immer die tatsächliche Nutzung des jeweiligen Raumes im Vordergrund stehen. Die wichtigste Aufgabe bei der Planung ist die messtechnische und rechnerische Bestimmung der Schalldämmung von Bauteilen. Architekten benötigen hierfür Kenntnisse der akustischen Grundlagen, der schalltechnischen Übertragungswege sowie der schalldämmenden Eigenschaften von Materialien und Bauteilkonstruktionen. > Kap. Bauakustik

Bei der Raumakustik geht es darum, die Hörsamkeit in einem Raum zu optimieren. Das bedeutet für Räume, die für Unterricht, Vorträge usw. genutzt werden, die Gewährleistung einer optimalen Sprachverständlichkeit und für Räume für Musik eine optimale Übertragung der musikalischen Darbietung. Häufig kommen im Bereich der Raumakustik auch Themen des Lärmschutzes zum Tragen, z.B. bei Räumen im Bereich lauter Industrie- und Gewerbeanlagen oder in Kindergärten und Schulen. Hier kann der Lärmpegel durch gezielte raumakustische Maßnahmen reduziert werden. Architekten und Fachplaner benötigen hierfür Kenntnisse bezüglich der Schallausbreitung innerhalb von Räumen sowie der akustischen Eigenschaften von Baumaterialien sowie deren Anordnung im Raum. Da raumakustische Maßnahmen in der Regel einen großen

Einfluss auf die Raumgestaltung sowie auf die Raumoberflächen haben, sollte die Raumakustik frühzeitig in den Planungsprozess eingebunden werden. > Kap. Raumakustik

Im vorliegenden Band werden zunächst die Grundlagen der Akustik erläutert. Hierbei wird auf die physikalischen Grundbegriffe, auf die Schallentstehung und -ausbreitung sowie auf die Schallempfindung des menschlichen Gehörs eingegangen. Im Kapitel Schallimmissionsschutz wird erläutert, wie Schallimmissionen beurteilt werden und welche lärmmindernden und gestalterischen Möglichkeiten beispielhaft für die Planung herangezogen werden können.

In den Kapiteln Bau- und Raumakustik werden dem Leser die bau- und raumakustischen Kenngrößen, die Schallausbreitung innerhalb von Räumen und innerhalb der Gebäudestruktur erläutert. Ebenfalls werden für die schalltechnische Planung Hinweise zur Geometrie von Räumen, Bauteilkonstruktionen und Materialien gegeben.

Dieser Band geht nicht direkt auf die normgerechte Berechnung des Schallschutzes ein; hierzu sind national geltende Normen und Vorschriften zu beachten. Vielmehr soll dem Leser ein grundlegendes Verständnis für das Planen und Konstruieren unter Berücksichtigung der schalltechnischen Anforderungen vermittelt werden.

Grundlagen der Akustik

Bereits in der Entwurfsphase eines Bauvorhabens kann der Schallschutz eine bedeutende Rolle bei der Gebäudeausrichtung sowie der Grundrissgestaltung spielen. Hierbei ist zum einem der Lärm, der von außen auf ein Gebäude einwirkt, und zum anderen der Lärm innerhalb des Gebäudes, verursacht durch Menschen oder z. B. technische Anlagen, zu berücksichtigen. Eine lärmoptimierte Gebäudeausrichtung sowie eine aus schalltechnischer Sicht sinnvolle Gestaltung der Grundrisse in einer frühen Planungsphase können den weiteren Planungsablauf deutlich vereinfachen und zusätzlich zu einer weniger aufwendigen und damit wirtschaftlicheren Konstruktion führen. Die Berechnungen und die Beurteilung des einwirkenden Lärms sowie der schalltechnischen Eigenschaften von Bauteilkonstruktionen werden in der Regel durch einen Bauphysiker oder Akustiker durchgeführt. Eine enge Zusammenarbeit zwischen Architekten, Bauphysikern, Bauherren und anderen Fachplanern ist eine wesentliche Grundlage für eine stimmige Gesamtplanung. Um die Lärmbelastung an der Fassade eines Gebäudes zu bestimmen und zu beurteilen, um Bauteilkonstruktionen so zu bemessen, dass sie den schalltechnischen Anforderungen entsprechen, und um die Raumgeometrie und die Raumoberflächen so zu planen, dass sie den raumakustischen Anforderungen entsprechen, bedarf es einer Reihe physikalischer Kenntnisse. Die wichtigsten werden nachfolgend erläutert.

PHYSIKALISCHE KENNGRÖSSEN

Schall, Schallschnelle, Schallgeschwindigkeit

Unter Schall versteht man die mechanische Schwingung in einem gasförmigen, flüssigen oder festen Stoff. Dabei kommt es zu einer Teilchenverdichtung und -verdünnung. Die Geschwindigkeit der sich bewegenden Teilchen (Moleküle) wird als Schallschnelle bezeichnet. Die Ausbreitungsgeschwindigkeit des Schalls ist abhängig vom Medium und von der darin herrschenden Temperatur. > Abb. 1, Tab. 1

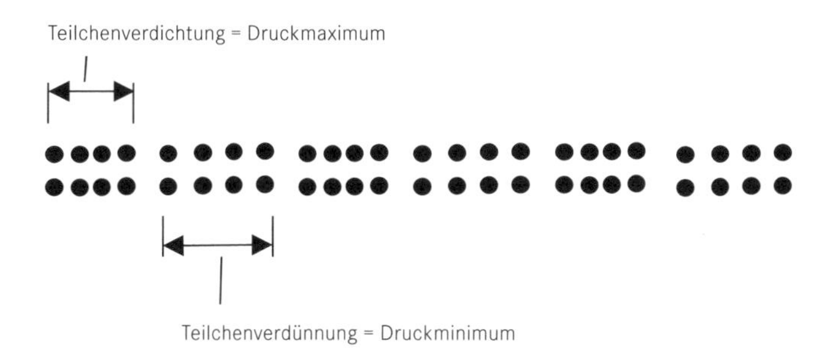

Abb. 1: Teilchenverdichtung und -verdünnung

Tab. 1: Schallgeschwindigkeit nach Medium

Medium	Schallgeschwindigkeit [m/s]
Luft (20 °C)	ca. 343
Stahl	bis ca. 5800
Mauerwerk	ca. 2600–4000
Stahlbeton	ca. 3300–4900
Holz	bis ca. 5800
Glas	ca. 4000–5500

Frequenz

Bei der Beurteilung des Schalls spielen die Frequenzen eine bedeutende Rolle. Die Frequenz f bezeichnet die Anzahl der Schwingungen pro Sekunde. Mit zunehmender Frequenz steigt die Tonhöhe. Die Frequenz wird in Hertz [1/s] angegeben. Für den Akustiker ist es wichtig zu wissen, welche Frequenzen für die Beurteilung z. B. von Bauteilkonstruktionen maßgebend sind. Schallpegel werden häufig als Frequenzband in ○ Oktaven oder Terzen angegeben. > Abb. 2

Wellenlänge

In Abhängigkeit von der Schallgeschwindigkeit des Mediums und der Frequenz oder der Periodendauer kann die Wellenlänge λ berechnet werden. Diese kann je nach Medium und Frequenz sehr unterschiedlich ausfallen, daher ist für die Auslegung von akustischen Maßnahmen die ● Ermittlung der Wellenlänge entscheidend. > Abb. 3

$$\lambda = \frac{c}{f} \; [m]$$

mit:
c = Schallgeschwindigkeit in m/s
f = Frequenz in Hz

Terz	63	80	100	125	160	200	250	315	400	500	630	800	1000	1250	1600	2000	2500	3150	4000	5000	[Hz]
Oktave																					

Abb. 2: Darstellung der Frequenzen als Terzen und Oktaven

○ **Hinweis**: Eine Verdopplung der Schwingungen wird als Oktave bezeichnet, wobei eine Oktave drei Terzen entspricht.

● **Beispiel**: Bei der Schallausbreitung in der Luft mit einer Schallgeschwindigkeit von ca. 343 m/s ergibt sich bei einer Frequenz von 200 Hz eine Wellenlänge von ca. 1,7 m. Wird die Frequenz auf 2000 Hz erhöht, ergibt sich mit ca. 0,17 m eine deutlich geringere Wellenlänge.

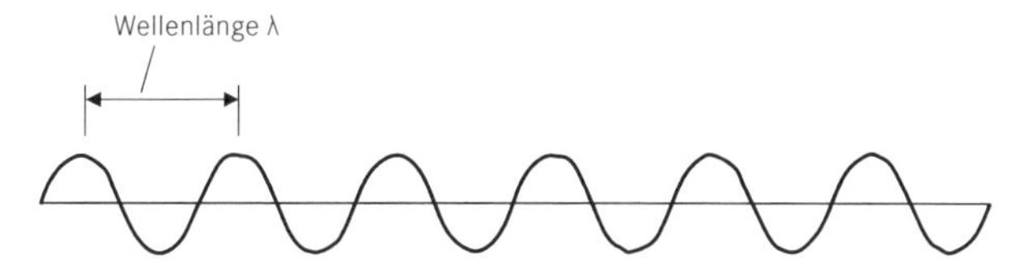

Abb. 3: Wellenlänge λ

Das menschliche Gehör kann Frequenzen zwischen 16 Hz und 20 000 Hz wahrnehmen. Unterhalb von 16 Hz spricht man von Infraschall und oberhalb von 20 000 Hz von Ultraschall. Bei der Beurteilung in der Akustik werden je nach Disziplin unterschiedliche Frequenzbereiche definiert. > Abb. 4

Ton, Klang, Geräusch

In der Akustik unterscheidet man zwischen Tönen, Klängen und Geräuschen. Als Töne werden Audiosignale mit einer einheitlichen und gleichmäßigen Schwingung bezeichnet. Sie können beispielsweise mit einer Stimmgabel erzeugt werden. Klänge bestehen aus mehreren sich überlagernden Frequenzen. Damit es zu einem Klang kommt, müssen diese Frequenzen in einem ganzzahligen Verhältnis zueinanderstehen. Bilden die Frequenzen kein ganzzahliges Verhältnis und verhalten sie sich uneinheitlich zueinander, dann sprechen wir von einem Geräusch. > Abb. 5

Schalldruck, Schalldruckpegel, Schallleistungspegel

Um in der Praxis den Schall ermitteln und beurteilen zu können, gibt es die akustischen Kenngrößen Schalldruck p und Schalldruckpegel L_p. So erzeugen wir z. B. beim Sprechen Druckschwankungen, die sich mit dem Luftdruck in der Umgebung überlagern. Dabei werden die in der Luft befindlichen Moleküle (größtenteils Sauerstoff und Stickstoff) angeregt. Diese geben den Druck jeweils an ihre Nachbarmoleküle weiter, wodurch Bereiche mit größerem und kleinerem Druck entstehen. Diese

Infraschall	→	< 16 Hz
Hörbereich	→	16 Hz bis 20000 Hz
Musik	→	16 Hz bis 160000 Hz
Sprache	→	63 Hz bis 8000 Hz
Raumakustik	→	63 Hz bis 4000 Hz
Bauakustik	→	100 Hz bis 5000 Hz
tech. Akustik	→	50 Hz bis 10 000 Hz
Ultraschall	→	> 20 000 Hz

Abb. 4: Frequenzbereiche der Akustik

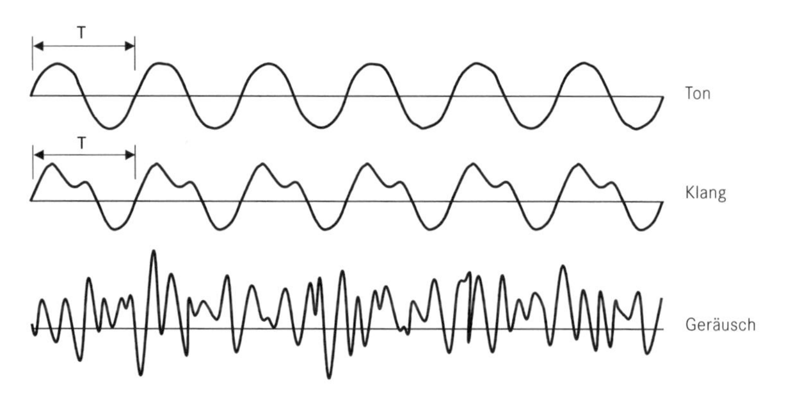

Abb. 5: Ton, Klang und Geräusch

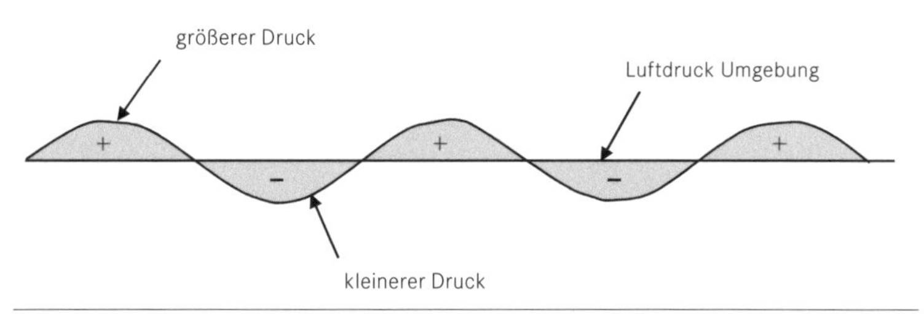

Abb. 6: Druckunterschiede zum Luftdruck in der Umgebung

Druckunterschiede breiten sich wellenartig aus. Der Schalldruck wird in der Einheit Pascal [Pa] angegeben. > Abb. 6

Die erzeugten Druckschwankungen sind im Vergleich zum Luftdruck in der Umgebung sehr klein. Zum Vergleich: Der Luftdruck in der Umgebung beträgt ca. 100 000 Pa, während die vom menschlichen Ohr wahrnehmbaren Druckunterschiede zwischen 0,00002 und 20 Pa liegen. In der Akustik wird daher nicht mit dem jeweiligen Schalldruck, sondern mit der logarithmischen Größe, dem Schalldruckpegel, gerechnet.

○ **Hinweis**: Der Schalldruck berechnet sich anhand der auf die Luftmoleküle einwirkenden Kraft im Verhältnis zur Fläche. Je lauter wir sprechen, desto größer ist diese Kraft. Bei gleichbleibender Fläche ergibt sich dann ein höherer Schalldruck p.

$p = \frac{F}{A}$ [Pa]; F = Kraft [N]; A = Fläche [m²]

○ **Hinweis**: Die Formel für den Schalldruckpegel lautet:

$L_p = 20 \lg \frac{p}{p_0}$ [dB]

p_0 bezieht sich auf die untere Hörschwelle von 0,00002 Pa; beim oberen Hörbereich von 20 Pa ergibt sich somit ein Schalldruckpegel von 120 dB.

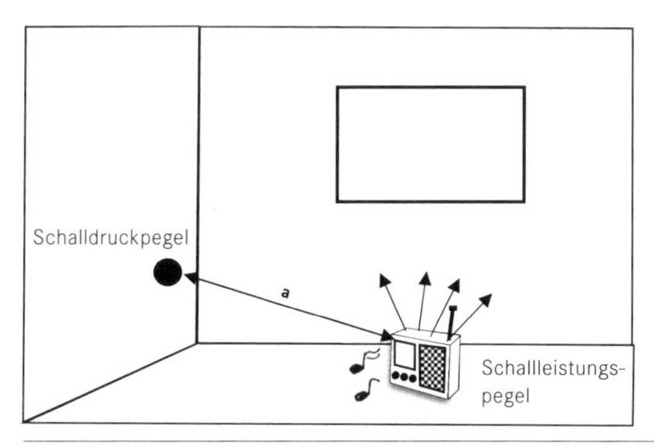

Abb. 7: Schallleistungspegel und Schalldruckpegel

Wird bei einem Gebäude eine Lüftungsanlage im Freien oder auf dem Dach geplant, so muss ggf. geprüft werden, welche Auswirkungen diese auf die Nachbargebäude hat. In der Regel können die Hersteller den Schallpegel der Anlage angeben. Hierbei ist darauf zu achten, ob es sich bei dem angegebenen Wert um einen Schalldruckpegel L_p oder um einen Schallleistungspegel L_w handelt. Der Schallleistungspegel beziffert die abgestrahlte Schallleistung einer Anlage, die immer gleich bleibt. Der Schalldruckpegel hingegen ist ortsabhängig: Je weiter man sich von der Anlage entfernt, desto geringer wird er. Bei der Bekanntgabe des Schalldruckpegels ist daher immer der Abstand anzugeben, in dem dieser ermittelt wurde. > Abb. 7

Rechnen mit Schallpegeln

Häufig müssen in der Praxis mehrere Schallpegel addiert oder voneinander abgezogen werden. Leider können die Schalldruckpegel nicht arithmetisch addiert oder subtrahiert werden, sondern man muss sie logarithmisch addieren, d. h. hierbei ist die Schallenergie anzusetzen.

Es gelten folgende Regeln:

Addition von unterschiedlichen Schallpegeln L_k

$$L_{ges} = 10 \lg \sum_{k=1}^{n} 10^{\frac{L_k}{10}} \quad [\text{dB}]$$

● **Beispiel**: Um ein Gespür für sich verändernde Schallpegel zu bekommen, helfen folgende Beispiele:
- Addition von *zwei* gleichen Schallpegeln ergibt eine Schallpegelerhöhung um *3 dB*
- Addition von *drei* gleichen Schallpegeln ergibt eine Schallpegelerhöhung um *5 dB*
- Addition von *zehn* gleichen Schallpegeln ergibt eine Schallpegelerhöhung um *10 dB*

Tab. 2: Subjektive Wahrnehmung einer Schallpegeländerung

Schallpegeländerung	subjektive Wahrnehmung
1 dB	kaum wahrnehmbar
3 dB	deutlich wahrnehmbar
10 dB	doppelte bzw. halbiert empfundene Lautstärke

Addition von gleichen Schallpegeln L_k

$$L_{ges} = L_k + 10 \lg n \quad [dB]$$

Oftmals stellt sich die Frage, in welcher Höhe sich der Schallpegel verändert hat. Dies kann z. B. aufgrund eines jeweiligen Neubaus oder der Änderung einer Verkehrsanlage (Straße, Schiene usw.) erfolgen. Um die Veränderung von Schallpegeln besser einschätzen zu können, kann von typischen subjektiven Wahrnehmungen ausgegangen werden. > Tab. 2

SCHALLAUSBREITUNG

Schallwellen

Schall entsteht durch Anregung der Luftteilchen (Luftmoleküle) durch einen schwingenden Körper und breitet sich wellenförmig aus. Hierbei wird zwischen Schwingungsbewegungen in Ausbreitungsrichtung (Longitudinalwellen) bzw. senkrecht zur Ausbreitungsrichtung (Transversalwellen) und in Ausbreitungsrichtung drehenden Luftmolekülen (Biegewellen) unterschieden. > Abb. 8

Bewegen sich die durch Druckschwankungen angeregten Moleküle in Ausbreitungsrichtung hin und her, so spricht man von Longitudinalwellen. In der Luft treten ausschließlich diese Wellenformen auf.

In Flüssigkeiten oder Festkörpern können die Teilchen auch senkrecht zur Ausbreitungsrichtung als Transversalwellen schwingen. Biegewellen wiederum haben eine große Bedeutung für plattenförmige Bauteile (z. B. Gipskartonplatten, Holzwerkstoffplatten usw.), da dort Schwingungsbewegungen in Ausbreitungsrichtung mit einer Drehbewegung der Festkörperteilchen der angeregten Platte kombiniert werden. Auf diese Thematik wird im Kapitel Bauakustik näher eingegangen. > Kap. Bauakustik

○ **Hinweis:** Bei der Schallausbreitung in der Luft können nur Longitudinalwellen auftreten, da Luft weder eine Schubsteifigkeit noch eine Biegesteifigkeit aufweist.

○ **Hinweis:** Schallwellen benötigen zur Ausbreitung immer ein Medium (Luft, Stahl, Beton usw.). Anders als elektromagnetische Wellen (Lichtwellen, Radiowellen usw.) können sich Schallwellen in einem luftleeren Raum nicht ausbreiten.

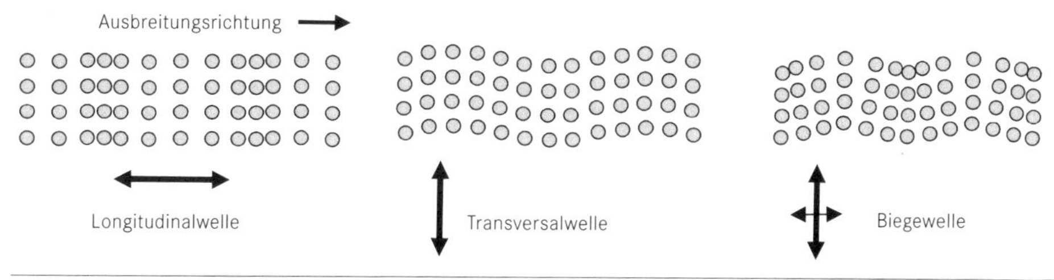

Abb. 8: Schallwellenarten

Schallausbreitung im Freien

Bei der Planung von Gebäuden stellt sich in der Regel die Frage, wie hoch die Schallbelastung auf das geplante Gebäude durch Lärmquellen aus der Umgebung, z. B. im Zusammenhang mit Verkehrs- oder Gewerbeanlagen, sein wird. Umgekehrt ist z. B. bei Gewerbebauten häufig zu beurteilen, welche schalltechnischen Auswirkungen das geplante Bauvorhaben auf die Umgebung haben wird. Dabei müssen etwa Lüftungsanlagen, Blockheizkraftwerke, Tiefgaragenzufahrten, Anlieferungsverkehr, Außengastronomie oder Anlagen aus dem gewerblichen und industriellen Bereich berücksichtigt werden. Bei geplanten Anlagen aus dem Tief- und Ingenieurbau wie z. B. Straßen-, Tunnel- oder Brückenbauwerken muss ebenfalls der Einfluss des Lärms auf die Umgebung ermittelt werden. Für die Berechnung und Beurteilung sind Kenntnisse darüber erforderlich, wie sich Schall im Freien ausbreitet und welche Gegebenheiten einen Einfluss auf die Schallausbreitung haben.

Bei der Schallausbreitung im Freien ist die Schalldämpfung (Abnahme des Schallpegels) im Wesentlichen von den Abstandsverhältnissen und von der geometrischen Art der Schallwelle abhängig. Auch schallabschirmende und -reflektierende Gegenstände und Bauteile sowie meteorologische Einflüsse wirken sich nicht unerheblich auf den Schallpegel aus und müssen bei der schalltechnischen Beurteilung berücksichtigt werden.

Abstandsdämpfung

Mit zunehmendem Abstand zur Schallquelle nimmt der Schallpegel ab. Beispielsweise bei einer Straße, die als linienförmige Lärmquelle angesehen werden kann, bewirkt eine Abstandsverdopplung eine Schallpegelabnahme von ca. 3 dB. Bei einer Wärmepumpe, die aufgrund ihrer geringen Geometrie als Punktschallquelle betrachtet werden kann, ergibt eine Abstandsverdopplung eine Pegelabnahme von ca. 6 dB.

Allerdings ist bei der Beurteilung der Lärmquelle zu berücksichtigen, wo sich diese befindet. Steht z. B. die Wärmepumpe direkt vor einer Hauswand, so sind neben der direkten Schallübertragung der Wärmepumpe auch die zusätzlichen Schallreflexionen über die Hauswand und über den Boden zu berücksichtigen. > Abb. 9

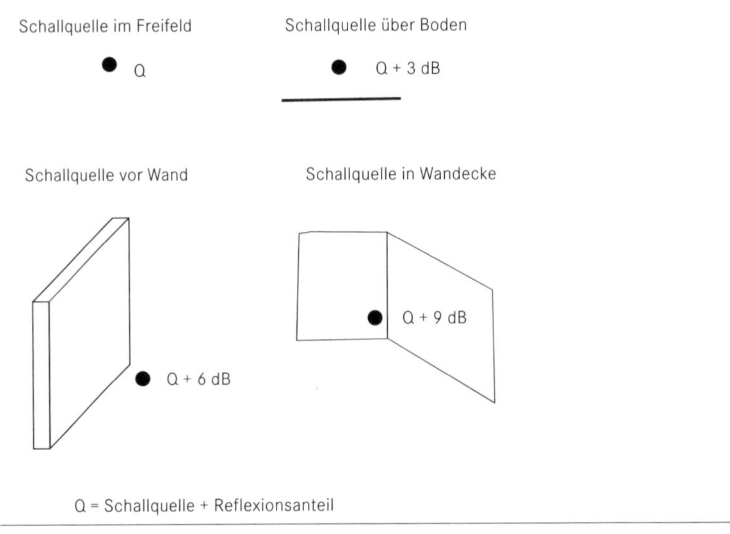

Abb. 9: Lage der Lärmquelle

Schallabschirmende Hindernisse

Die Schallausbreitung kann durch schallabschirmende Hindernisse wie z. B. Lärmschutzwälle oder Lärmschutzwände deutlich beeinflusst werden. Dabei wird die Schallenergie zum Teil an der Oberfläche des Hindernisses absorbiert und zum Teil reflektiert. Der schallabsorbierende Anteil ist abhängig von der vorhandenen Oberfläche. Bei Lärmschutzwänden mit einer Betonoberfläche wird der größte Teil reflektiert. Durch sogenannte Beugungseffekte wird ein Teil der Schallenergie, aufgrund der großen Wellenlänge besonders bei den tiefen Frequenzen, die Lärmschutzwand umgehen. Das führt dazu, dass die Wirkung einer Lärmschutzwand oder eines Lärmschutzwalls praktisch begrenzt ist. > Abb. 10

Bei der Auslegung eines schallabschirmenden Hindernisses sollte die Sichtlinie zwischen Schallquelle und Immissionsort unterbunden werden. Je größer die Strecke zwischen Schallquelle und Immissionsort, desto größer ist die schallmindernde Wirkung. > Abb. 11

Für eine ausreichende Schallabschirmung muss neben einer entsprechenden Höhe des Hindernisses auch die Schalldämmung groß genug sein. Als Faustwert sollte diese mindestens 25 dB betragen. ○

○ **Hinweis**: Aufgrund von Beugungseffekten, bei denen ein Teil der Schallenergie immer die Lärmschutzwand umgeht, ist deren Wirkung auf maximal 25 dB begrenzt.

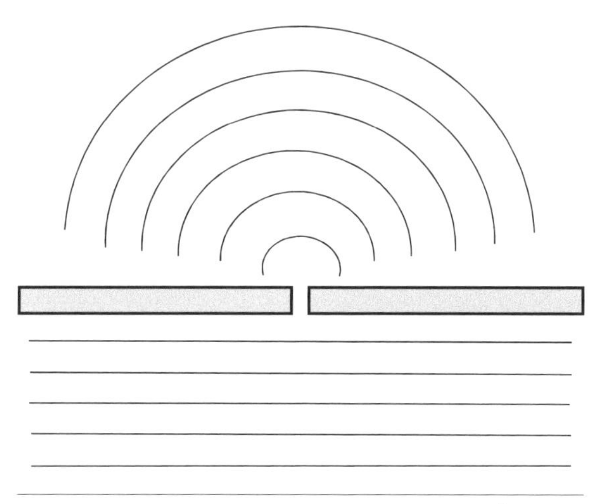

Abb. 10: Darstellung der Schallbeugung an einer kleinen Öffnung

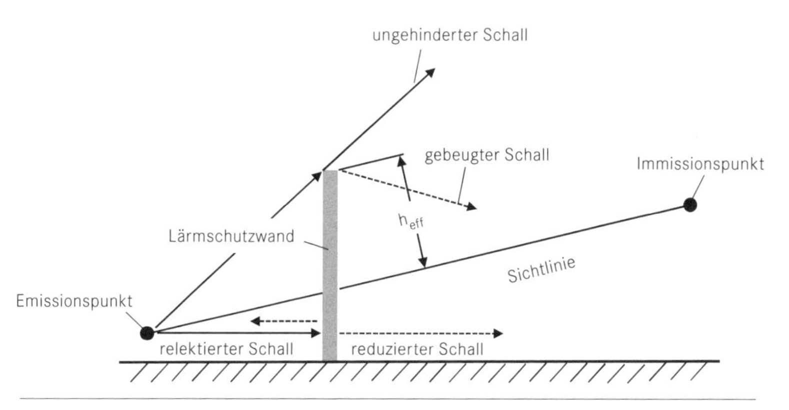

Abb. 11: Hinderniswirkung einer Lärmschutzwand

Schallreflexionen und Schallabschattungen an Gebäudefassaden

Wird beispielsweise zur Abschirmung eines Gebäudes eine Lärmschutzwand mit einer harten Oberfläche (z. B. aus Beton oder Glas) errichtet, kann es zu unerwünschten Reflexionen kommen, die sich auf der gegenüberliegenden Seite lärmtechnisch negativ auswirken. Diese Reflexionen können durch eine schallschluckende (schallabsorbierende) Oberfläche der Lärmschutzwand reduziert werden. Dabei wird die Schallenergie durch Reibung an der schallabsorbierenden Oberfläche in Wärme umgewandelt.

Neben Lärmschutzwänden oder -wällen können auch Gebäude als schallabschirmende Hindernisse fungieren. Auch hier sind Reflexionen besonders auf die gegenüberliegenden Bebauungen zu berücksichtigen.

Moderne Gebäude mit glatten, schallharten Fassaden aus Putz, Sichtbeton, Stein oder Glas erhöhen aufgrund von Reflexionen den Schallpegel. Diesem Effekt kann durch schallschluckende oder schallstreuende Fassaden entgegengewirkt werden, die eine gewisse Offenporigkeit besitzen müssen und daher häufig im Widerspruch zur eigentlichen Funktion der Fassade stehen, die tragende Gebäudestruktur vor Witterungseinflüssen zu schützen. ■ > Abb. 12

Bewuchsdämpfung

Bei der Berechnung von Schallpegeln über ein Waldgebiet hinweg kommt es zu einer gewissen Streuung und Abschirmung an den Baumstämmen, Ästen und Blättern, wodurch der Schallpegel reduziert wird. Die daraus resultierende Bewuchsdämpfung bewirkt allerdings nur eine geringe Reduktion des Schalldruckpegels.

Bodendämpfung

Bei der Schallausbreitung in Bodennähe wirkt sich die Bodendämpfung (Bodeneffekt) reduzierend auf den Schalldruckpegel aus. Hier werden die höheren Frequenzen stärker reduziert als tiefe, wodurch es in weiterer Entfernung zu einer dumpferen Wahrnehmung des Schalldruckpegels kommt.

Meteorologische Einflüsse

Neben den geometrischen Einflüssen auf die Schallausbreitung gibt es weitere Einwirkungen, die sich dämpfend auf den Schallpegel auswirken. Aufgrund von spezifischen Eigenschaften der Luft wie z. B. der Temperatur, der Luftfeuchtigkeit und durch Schmutzpartikel kommt es zu einer Absorption in der Luft. Hierbei wird die Schallenergie durch Reibung an den Luftteilchen in Wärme umgewandelt. Die Luftdämpfung ist bei den hohen Frequenzen stärker als bei den tiefen.

Je weiter man sich von der Schallquelle entfernt, desto dominanter werden die tiefen Frequenzen, und der Schallpegel wird als dumpfer empfunden.

Besonders bei der Beurteilung von Schallpegeln über größere Distanzen sind die meteorologischen Einflüsse wie etwa der Wind zu berücksichtigen. Wirken Wind und Schall in die gleiche Richtung, so verstärkt dies die Schallausbreitung. Gegenwind hingegen verringert die Schallausbreitung. ●

■ **Tipp:** Durch den Einsatz von Fassadenbegrünung lässt sich der Schall absorbieren und streuen. Ebenfalls hilfreich sind strukturierte Fassaden beispielsweise durch Fassadenvor- und -rücksprünge, Balkone oder eine Schrägstellung von Fassadenelementen.

● **Beispiel:** Dieser Effekt ist etwa bei größeren Sportveranstaltungen im Außenbereich bekannt, bei denen das Publikum und der Kommentator aus größerer Entfernung je nach Windrichtung deutlich oder weniger deutlich wahrgenommen werden.

Abb. 12: Strukturierte und schallschluckende Fassade

Auch die Lufttemperatur beeinflusst die Schallausbreitung. Steigt die Lufttemperatur mit der Höhe, wird der Schall nach unten gebeugt. Dies kommt häufig im Frühjahr oder Herbst vor. Durch diesen sogenannten Inversionseffekt werden größere Übertragungsdistanzen erreicht. Wird der Boden durch Sonneneinstrahlung erwärmt, sinkt hingegen die Schallausbreitungsgeschwindigkeit und der Schall wird nach oben gebeugt. Dadurch entstehen in einem entsprechenden Abstand von der Schallquelle Bereiche mit einem Schallschatten. > Abb. 13

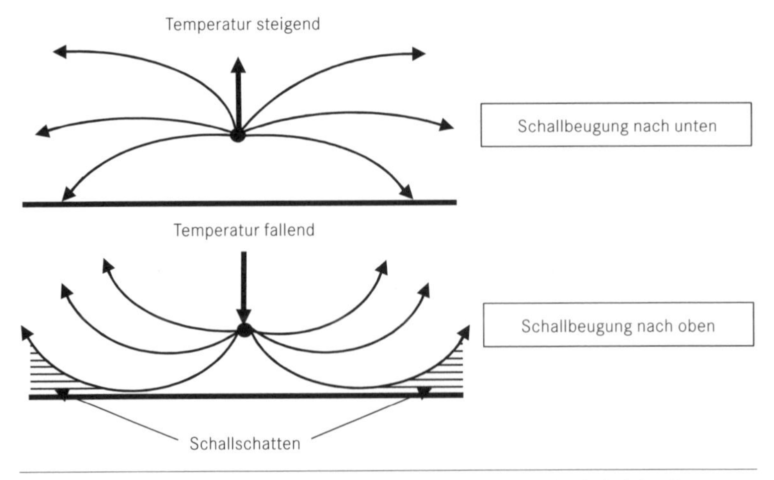

Abb. 13: Oben: Inversion bei steigender Temperatur, unten: Inversion bei sinkender Temperatur

Schallausbreitung in Räumen

Bei der schalltechnischen Betrachtung in Räumen, z. B. bei der Beurteilung der Raumakustik oder von Schallpegeln innerhalb von Industriehallen, sind andere physikalische Gegebenheiten zu beachten. Nimmt bei der Berechnung im Freien der Schalldruckpegel mit einer Vergrößerung des Abstandes ab, so ist der Schalldruckpegel bei der Ausbreitung in Räumen, aufgrund von Reflexionen an den raumbegrenzenden Bauteilen, ab einem bestimmten Abstand zur Schallquelle ortsunabhängig. > Kap. Raumakustik

SCHALLEMPFINDUNG

Bei der Beurteilung eines Schallpegels geht es letztendlich darum, wie sich dieser auf die Umgebung und auf die ihm ausgesetzten Menschen auswirkt. Wie Schallpegel vom Menschen aufgenommen werden, auf welche Besonderheiten dabei zu achten ist und welche Wirkung Lärm auf den Menschen hat, wird nachfolgend erläutert.

Funktion des menschlichen Ohrs

Der Schalldruckpegel wird über die Ohrmuschel und den Gehörgang zum Trommelfell geleitet und versetzt es in Schwingungen. Das Trommelfell leitet die Schallenergie über das Mittelohr ins Innenohr (zur Gehörschnecke). Hier sorgt eine weitere Membran für die Anregung der vorhandenen Haarzellen, die Nervenimpulse (also elektrische Signale) an das Gehirn weiterzugeben. > Abb. 14

Das menschliche Ohr nimmt Geräusche im Frequenzbereich zwischen 16 Hz und 20 000 Hz wahr, wobei der Mensch Geräusche unterhalb von 16 Hz als Erschütterungen empfindet. Der obere Fre-

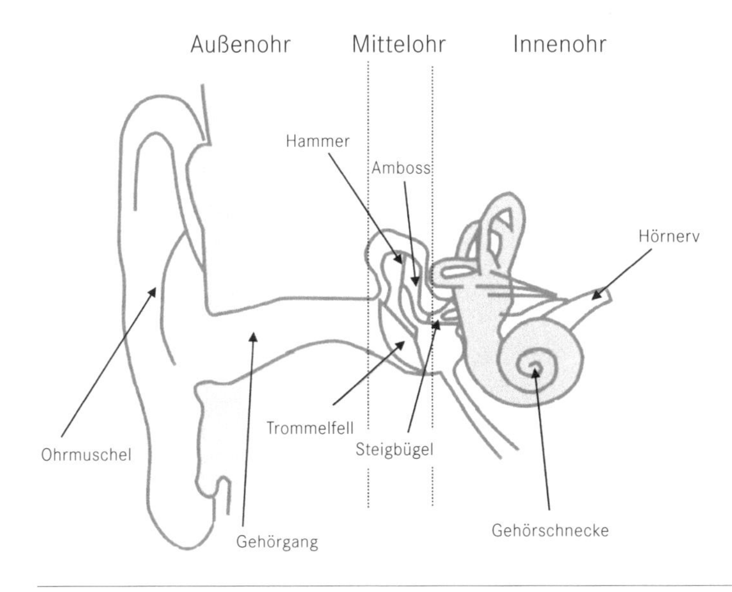

Abb. 14: Abbildung menschliches Ohr

quenzbereich wird mit zunehmendem Alter, aufgrund von Abnutzungserscheinungen der Haarzellen, reduziert. Ebenfalls werden die Haarzellen aufgrund von ständiger Lärmbelastung oder durch Einwirkung sehr hoher Schallpegelspitzen dauerhaft geschädigt. Ein lärmbedingter Hörverlust tritt zuerst bei den hohen Frequenzen (ca. 4000 Hz) auf, was die sprachliche Kommunikation besonders in Räumen mit höheren Grundgeräuschpegeln (z. B. Gaststätte, Großraumbüro) beeinträchtigt. Schäden an den Haarzellen sind nicht reversibel und die Haarzellen wachsen auch nicht nach.

Frequenzabhängigkeit des menschlichen Ohrs

Die Empfindlichkeit des menschlichen Gehörs ist innerhalb des oben genannten Wahrnehmungsbereichs stark frequenzabhängig. So ist es bei den mittleren und höheren Frequenzen deutlich empfindlicher als bei tiefen und sehr hohen Frequenzen. Schalldruckpegel mit gleicher Lautstärke, aber unterschiedlicher Frequenz werden nicht als gleich laut empfunden. > Abb. 15

Lautstärke

Als Vergleichsgröße, die neben dem Schalldruck oder Schalldruckpegel die subjektive Wahrnehmung des Ohrs berücksichtigt, wird die Lautstärke herangezogen. Diese beruht auf dem subjektiven Vergleich zweier Referenztöne, bezogen auf einen Referenzton mit 1000 Hz. Das heißt, bei 1000 Hz entspricht die Lautstärkeskala genau der Dezibelskala. Zur Bestimmung der Laustärke wird das vorhandene Signal mit

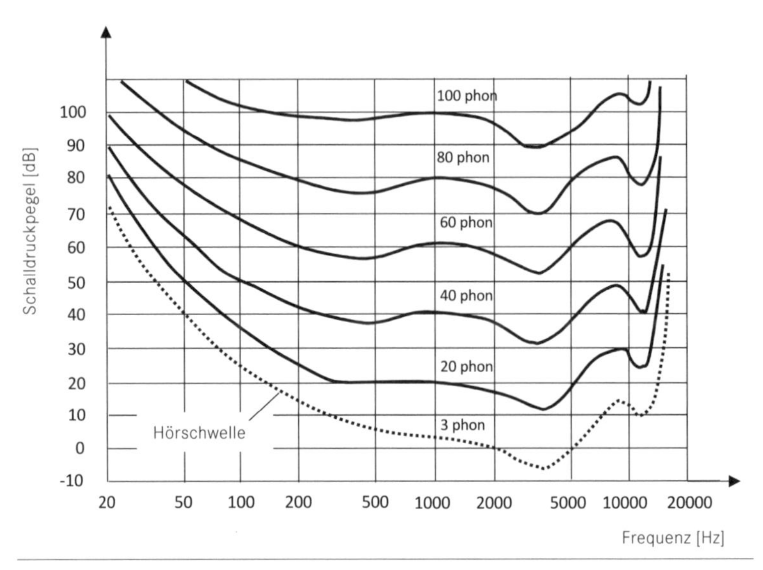

Abb. 15: Kurven gleicher Lautstärkepegel

dem Referenzton bei 1000 Hz verglichen. Die Lautstärke wird in der Einheit Phon angegeben.

Da die Ermittlung der Laustärke relativ aufwendig ist, wurden für die Messung von Schalldruckpegeln Pegelbewertungen definiert, welche die Empfindlichkeit des menschlichen Gehörs berücksichtigen. Hierbei handelt es sich um die Frequenzbewertungskurven A bis C. Dabei ist die A-Bewertungskurve für niedrige Lautstärken, die B-Bewertungskurve für mittlere Lautstärken und die C-Bewertungskurve für hohe Lautstärken anzusetzen. Da die A-Bewertung am ehesten mit der menschlichen Wahrnehmung übereinstimmt, wird sie heute in der Regel bei der Messung von Schallpegeln eingesetzt.

Wie in Abb. 16 ersichtlich reduziert die A-Bewertungskurve den Schallpegel bei den tiefen und hohen Frequenzen.

○ **Hinweis:** Da die Lautstärke eine rein subjektive Größe ist, kann sie nicht gemessen werden. Gemessen wird der Schalldruck respektive der Schalldruckpegel. Bei einem gemessenen Schalldruckpegel von 60 dB beträgt die Lautstärke bezogen auf eine Frequenz von 100 Hz ca. 50 Phon und bezogen auf eine Frequenz von 2000 Hz ca. 61 Phon.

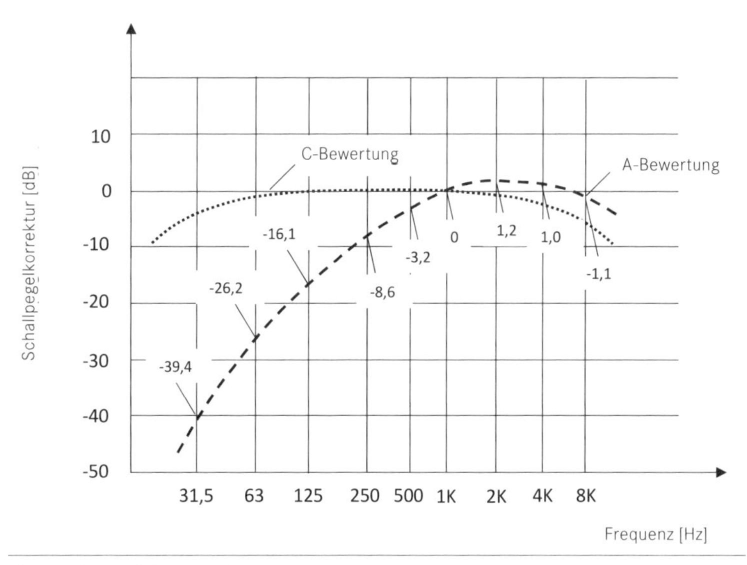

Abb. 16: A- und C-Frequenzbewertungskurve

Lärmwirkung

Bei Lärm handelt es sich um Schall, der als unangenehm, belästigend und unwillkommen wahrgenommen wird, also um nicht erwünschten Schall. Auf welche Schallereignisse dies zutrifft, hängt vom subjektiven Empfinden der betroffenen Person ab. Häufig steigt die Akzeptanz gegenüber einer Lärmart, wenn man selbst von der Lärmquelle profitiert. Fährt eine Person beispielsweise oft mit der Bahn, so steigt ihre Akzeptanz gegenüber dem Zuglärm, da ihr durch die naheliegende Bahnanbindung ein klarer Vorteil entsteht.

Anders als noch vor der Industrialisierung ist der Mensch heute einer Vielzahl von Lärmquellen ausgesetzt, die mit entsprechend langer Dauer und starker Intensität einwirken. Hierzu gehören z. B. der Straßen- und Schienenverkehr, Fluglärm, Industrie- und Gewerbelärm, Baulärm, Freizeitlärm (Konzerte im Außenbereich) sowie Lärm aus der Nachbarschaft (Rasenmäher, Laubsauger usw.).

Die Einwirkung von Lärm auf den Menschen kann sich nachhaltig auf dessen Gesundheit auswirken. Hohe, langanhaltende Lärmbelastung oder Schalldruckpegel mit hoher Intensität (z. B. bei Industrie und Gewerbe, Disco usw.) können bei unzureichendem Gehörschutz zu einer Beeinträchtigung des Hörvermögens oder zu Schwerhörigkeit führen.

Auch die Einwirkung geringerer Lärmpegel kann gesundheitliche Beeinträchtigungen zur Folge haben. Dies kann sich in Schlafstörungen, mangelnder Konzentrationsfähigkeit, Herzklopfen (hoher Blutdruck),

Tab. 3: Wirkung von Lärm auf den Menschen

Lärmbeispiele	Schalldruckpegel [dB(A)]	Lärmwirkung
Flugzeug in 7 m Abstand	130	Schmerzgrenze
Diskothek	110	
Presslufthammer	100	unerträglich
Baufahrzeuge in 1 m Abstand	95	
Kreissäge, Motorrad	90	
	85	Gehörschädigung möglich
PKW in 1m Abstand	80	
Hauptverkehrsstraße, tags	75	
Flugverkehr	70	
Zugverkehr, Rasenmäher	65	Risiko für Herz- und Kreislauf-
Hauptverkehrsstraße, nachts	60	erkrankungen erhöht sich
	55	laut
normale Unterhaltung	50	
Ticken eines Weckers	30	
Blätterrauschen	25	leise
Sanduhr	20	
tropfender Wasserhahn	10	
	5	ruhig
	0	Hörgrenze

verminderter Leistungsfähigkeit und mangelnder Kommunikationsfähigkeit äußern. > Tab. 3

Große Bedeutung kommt dabei Schlafstörungen zu, da sich der menschliche Körper in der Nacht von der Beanspruchung am Tag erholen muss.

Schallimmissionsschutz

Beim Schallimmissionsschutz wird der von außen auf ein Bauwerk einwirkende Umgebungslärm betrachtet. Als Umgebungslärm wird der vom Menschen verursachte Lärm einschließlich des Lärms von Straßen-, Schienen- und Flugverkehr sowie durch gewerbliche oder industrielle Anlagen betrachtet. Dabei wird das Ziel verfolgt, den Menschen durch gezielte planerische oder gestalterische Maßnahmen an der Lärmquelle oder am zu beurteilenden Objekt vor einer übermäßigen Lärmbelastung zu schützen.

SCHUTZZIELE

Lärmstufen

Um für ausreichend ruhige Wohn- und Arbeitsbereiche zu sorgen, sollten die Innenräume eines Gebäudes, aber auch Freibereiche wie z. B. Balkone, Terrassen, Kinderspielplätze usw. vor einer übermäßigen Lärmbelastung geschützt werden. Nutzer sollten ebenfalls die Möglichkeit haben, Wohn- und Arbeitsbereiche natürlich über das offene Fenster zu belüften, ohne übermäßig durch Lärm belastet zu werden. Werden die nationalen Richt- oder Grenzwerte nicht eingehalten, so sind Lärmschutzmaßnahmen zu treffen. Hierbei werden Maßnahmen an der Quelle (aktive Schallschutzmaßnahmen) und Maßnahmen am Empfänger (passive Schallschutzmaßnahmen) unterschieden. ■

EMISSION – IMMISSION

Als Schallemission wird die Abstrahlung des Schalls von der Schallquelle, z. B. einer gewerblichen Anlage, bezeichnet. Als Schallimmission wird das Einwirken des Schalls auf den Menschen bzw. ein Gebäude bezeichnet. Hierbei wird zwischen Schallimmissionen, die durch Luftschall auf ein Bauwerk einwirken (Primärschall), und solchen, die durch Erschütterungen auf das Tragwerk eines Bauwerks einwirken (Sekundärschall), unterschieden. Beim Sekundärschall übertragen die durch Erschütterungen angeregten Bauteile im Erdreich (Fundamente, Kellerwände usw.) die Anregungsenergie auf die Gebäudestruktur. Innerhalb des Gebäudes wird diese Energie über die Gebäudestruktur (z. B. über Wände und Geschossdecken) als Luftschall in die Innenräume abgestrahlt. > Abb. 17

■ **Tipp:** Da aktive Lärmschutzmaßnahmen an der Lärmquelle in der Regel effektiver sind als passive Lärmschutzmaßnahmen am Immissionsort, sind diese beim Schallimmissionsschutz zu bevorzugen.

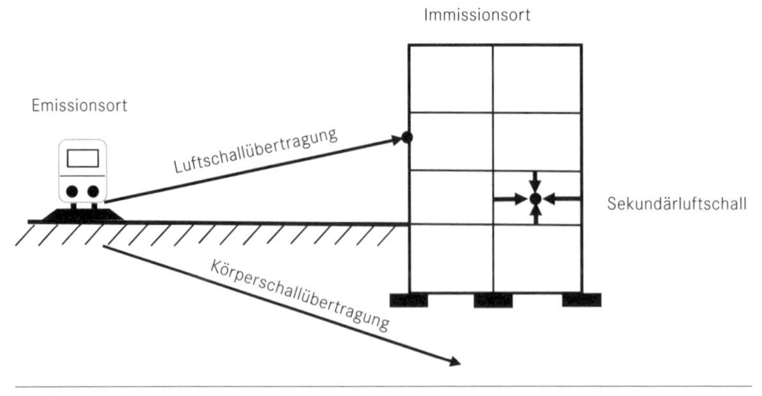

Abb. 17: Emissionen – Immissionen

BEURTEILUNG VON SCHALLIMMISSIONEN

Beurteilungspegel

Zur Beurteilung der Lärmimmissionen wird am betroffenen Gebäude der A-bewertete Schalldruckpegel ermittelt. Dies kann rechnerisch oder anhand von Schallmessungen erfolgen. Da die vorhandenen Geräusche in der Lautstärke schwanken (z. B. vorbeifahrende Züge), wird zur Beurteilung der Schallimmissionen der zeitliche Mittelwert des Schalldruckpegels ermittelt. Zusätzlich müssen je nach Ton- und Impulshaltigkeit der Geräusche Zuschläge auf den ermittelten Schalldruckpegel aufgerechnet werden. Dies ist z. B. bei Geräuschen von haustechnischen Anlagen oder bei Anlieferungsvorgängen in Gewerbebetrieben (Geschäfte, Hotels, Logistikbetriebe usw.) erforderlich. Die Summe aus dem ermittelten Schalldruckpegel und den Zuschlägen aufgrund von Ton- und Impulshaltigkeit ergeben den Beurteilungspegel, der mit den jeweiligen nationalen Richt- und Grenzwerten verglichen wird.

Richtwerte von Schallimmissionen

Da Verkehrs-, Gewerbe- oder Freizeitlärm bei gleichem Mittelungspegel nicht auch immer als gleich belästigend wahrgenommen wird, ergeben sich je nach Art der Lärmbelastung unterschiedliche Immissionsrichtwerte. Ebenfalls ist der Richtwert abhängig von der örtlichen Lage des betroffenen Gebäudes. Befindet sich dieses beispielsweise in einem Mischgebiet, in dem Gewerbe und Wohnen vorhanden sind, ist die Toleranz gegenüber höheren Schalldruckpegeln größer als in Bereichen, die als reine Wohngebiete eingestuft werden.

Ermittlung von Schallimmissionen

Bei der Messung von Geräuschen werden Schallpegelmessgeräte eingesetzt. > Abb. 18 Bei der Messung am Immissionsort dient dies in der Regel zur Kontrolle der Einhaltung der Immissions-Richtwerte. In bestimmten Fällen ist eine Messung am Immissionsort nicht zielführend, da sich die unterschiedlichen Lärmquellen nicht eindeutig zuordnen lassen. Dies

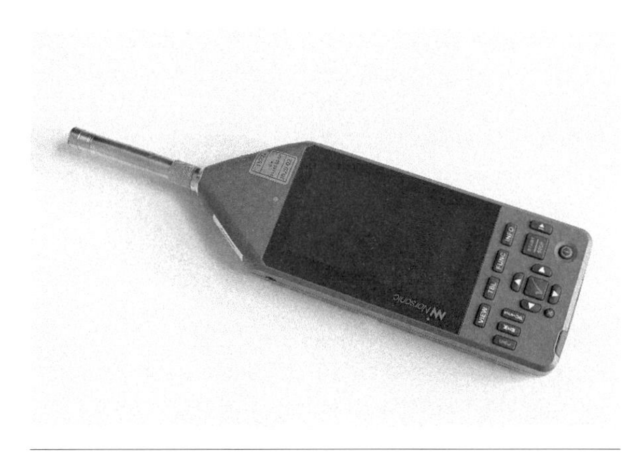

Abb. 18: Schallpegelmessgerät

ist z. B. bei sich überlagernden Geräuschen aus Industrie- und Gewerbeanlagen der Fall. In solchen Fällen ist eine Messung am Emissionsort erforderlich, um den Schalldruck- oder Schallleistungspegel zu ermitteln. Auf Basis der gemessenen Schallpegel kann wiederum der Schalldruckpegel am Immissionsort berechnet werden. Bei der Berechnung sind abschirmende Hindernisse, schallreflektierende Bauteile oder auch meteorologische Einflüsse zu berücksichtigen.

Bei der Planung neuer Bauten oder Anlagen oder auch bei Umbaumaßnahmen an bestehenden Bauten und Anlagenteilen wird häufig eine Schallimmissionsberechnung durchgeführt. Dies geschieht in der Regel mittels 3D-Berechnungsprogrammen, in denen die Geräuschemissionen sowie die Umgebung, unter Berücksichtigung von schallabschirmenden und schallreflektierenden Bauteilen, ausreichend genau modelliert werden können. Die Prognosen dienen ebenfalls zur Ermittlung von Lärmkonflikten in der frühen Planungsphase.

RECHTLICHE GRUNDLAGEN

Immissionsschutzrecht

Der Immissionsschutz ist in der Regel auch gesetzlich vorgeschrieben. In Deutschland beispielsweise ist als rechtliche Grundlage für den Schallimmissionsschutz das Bundes-Immissionsschutzgesetz (BImSchG) von zentraler Bedeutung. Immissionsschutzgesetze dienen dem Zweck, Menschen, Tiere und Pflanzen vor schädlichen Umwelteinwirkungen zu schützen. Häufig ist bereits vor oder bei der Erteilung einer Baugenehmigung abzuklären, welche Emissionen durch eine feste Anlage (Betriebstätten, haustechnische Anlagen, Freizeitanlagen usw.) oder eine ortsveränderliche Anlage (Maschinen und Geräte, sofern diese nicht am öffentlichen Verkehr teilnehmen) in die Umgebung entstehen und ob die jeweiligen nationalen Vorschriften eingehalten werden. Bei der Genehmigung spielen auch die technisch umsetzbaren Möglichkeiten sowie die ■ Verhältnismäßigkeit des Aufwands eine Rolle.

Ziel des Schallimmissionsschutzes bei Wohngebäuden ist es, gesunde Wohnverhältnisse zu schaffen. Dies kann etwa durch lärmmindernde Maßnahmen an der Schallquelle, durch eine entsprechende Gebäudeausrichtung und Grundrissgestaltung sowie durch planerische Schallschutzmaßnahmen erreicht werden.

LÄRMMINDERNDE MASSNAHMEN

Am effektivsten sind emissionsmindernde Maßnahmen an der Lärmquelle, also etwa an den Fahrzeugen selbst. Bei Fahrzeugen im Straßenverkehr kann dies z. B. über eine entsprechende Kapselung des Motors oder über Bereifung, mit verminderten Rollgeräuschen erreicht werden. Besonders effektiv sind Lärmminderungsmaßnahmen bei Lastkraftfahrzeugen. Beim Schienenverkehr kann eine Reduzierung des Lärms z. B. durch den Einsatz von leiserem Bremsmaterial (Flüsterbremsen) oder von Reifenabsorbern erfolgen.

Eine Lärmreduzierung kann ebenfalls durch Wahl einer geeigneten Oberfläche des Straßen- oder Schienenweges erzielt werden. Bei Straßenwegen beispielsweise verhalten sich gepflasterte Oberflächen lauter als asphaltierte Fahrbahnoberflächen. Auch werden vermehrt offenporige, schallschluckende Asphaltbeläge, sogenannte Flüsterasphalte, eingesetzt, die bei Geschwindigkeiten ab 60 km/h die größte Wirkung ○ zeigen.

Zusätzliche Maßnahmen zur Lärmminderung an der Quelle können in der Reduktion der Verkehrsmenge und der Fahrgeschwindigkeiten bestehen sowie in schallabschirmenden massiven Bauteilen wie z. B. Lärmschutzwände, Lärmschutzwälle oder auch in der Anordnung von Gebäuden, die schallabschirmend auf dahinterliegende schutzbedürftige ● Gebäude wirken. > Abb. 19

■ **Tipp:** Bei der Planung von Anlagen gilt das Vorsorge- und Verursacherprinzip, d. h. die Anlage ist von vornherein so zu gestalten, dass zukünftig keine Gefahren für die Umwelt entstehen. Notwendige Maßnahmen sind in der Regel vom Verursacher zu tragen.

○ **Hinweis:** Im neugebauten Zustand können Flüsterasphalte eine Pegelreduktion von bis zu 5 dB(A) erzielen. Es ist allerdings zu beachten, dass sie eine geringere Haltbarkeit als herkömmliche Asphaltbeläge aufweisen und sich die Poren mit der Zeit zusetzen, wodurch die lärmmindernde Wirkung reduziert wird.

● **Beispiel:** Eine Halbierung der Verkehrsmenge erzielt einen um 3 dB geringeren Emissionspegel; eine Geschwindigkeitsreduktion von 50 km/h auf 30 km/h erzielt einen um ca. 2–3 dB geringeren Emissionspegel.

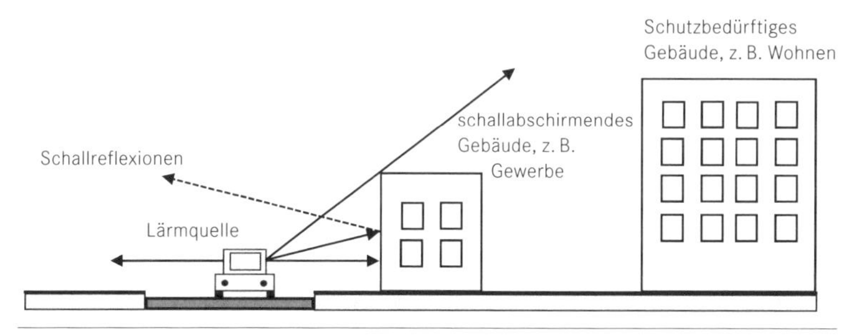

Abb. 19: Schallabschirmende Maßnahmen

GEBÄUDEAUSRICHTUNG UND GRUNDRISSGESTALTUNG

Beim heutigen Bedarf an Wohnraum, besonders im innerstädtischen Bereich, sind Bebauungen in Gebieten mit einer hohen Belastung durch Straßen-, Schienen- und Gewerbelärm fast unumgänglich. Beim Bauen in lärmbelasteten Gebieten kann mit einer sinnvollen Gebäudeausrichtung und Gebäudeform sowie mit einer durchdachten Grundrissgestaltung positiv auf die Lärmimmissionen eingewirkt werden. Ziel dabei ist, schutzbedürftige Räume wie z. B. Schlaf- und Wohnzimmer auf lärmabgewandten Gebäudeseiten anzuordnen.

Bei einer einseitigen Lärmbelastung beispielsweise durch Straßen- oder Schienenverkehr kann dies über eine geeignete Grundrissgestaltung so erfolgen, dass lärmunempfindliche Räume wie z. B. Bäder, Flure und Treppenhäuser auf der lärmzugewandten und lärmempfindliche Räume ganz oder teilweise auf der lärmabgewandten Seite angeordnet werden. Ebenfalls können durchgehende Räume geplant werden, die eine lärmabgewandte und eine lärmzugewandte Seite aufweisen. Hier besteht dann für den Nutzer die Möglichkeit, den Wohnraum durch das Fenster auf der ruhigen Seite zu belüften. > Abb. 20

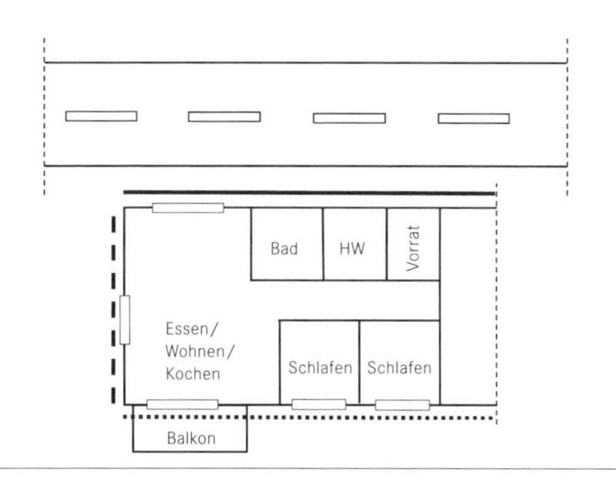

Abb. 20: Lärmabgewandte Anordnung schutzbedürftiger Räume

Um die lärmabgewandte Gebäudeseite besser vor seitlichem Schalleinfall zu schützen, bieten sich halb geschlossene Gebäudeformen an. Zum einen können lärmempfindliche Räume um einen Innenhof herum angeordnet werden, und zum anderen bietet sich ein Innenhof als ruhiger Außenbereich zum Verweilen oder auch als Spielbereich für Kinder an. Bei den lärmabgewandten Gebäudeseiten sind pegelerhöhende Reflexionen über seitliche oder hinter dem Gebäude befindliche Überbauungen zu berücksichtigen. > Abb. 21

Eine weitere Möglichkeit, die sich besonders bei einer mehrseitigen Lärmbelastung eignet, ist die Blockrandbebauung. Hier sind die Wohnungen geschlossen um einen Innenhof angeordnet, wobei die Grundrisse so gestaltet werden sollten, dass die lärmempfindlichen Räume auf diesen Innenhof ausgerichtet sind. Diese Gebäudeform nimmt allerdings relativ viel Grundfläche in Anspruch, da der Innenhof für eine ausreichende Belichtung entsprechend groß gestaltet werden muss. Bei der Planung ist darauf zu achten, dass die Innenhöfe nicht durch andere technische Anlagen wie z. B. Wärmepumpen, Lüftungsanlagen belastet werden. > Abb. 22

In einigen Fällen ist eine lärmabgewandte Anordnung der lärmempfindlichen Räume nicht möglich oder aus gestalterischen Gründen nicht gewünscht. Dies trifft z. B. bei Situationen in Hanglage zu. In diesen Fällen kann durch eine entsprechende Terrassierung trotzdem ein ausreichender Lärmschutz erreicht werden. Durch eine Anordnung geschlossener, schalldichter Brüstungen kann die lärmmindernde Wirkung zusätzlich deutlich erhöht werden. > Abb. 23

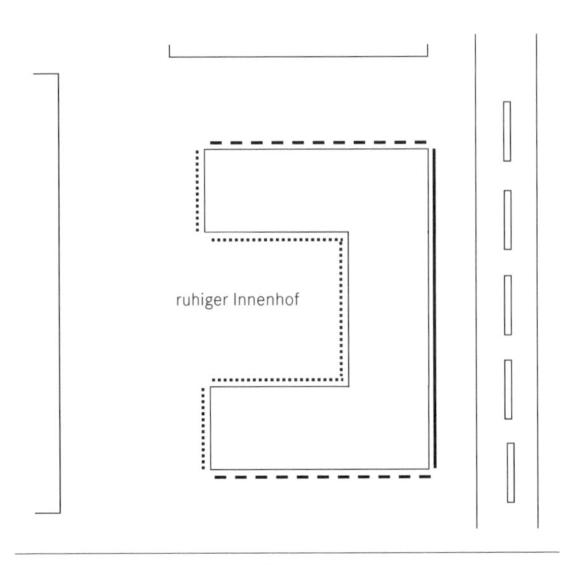

Abb. 21: Halb geschlossene Gebäudeform

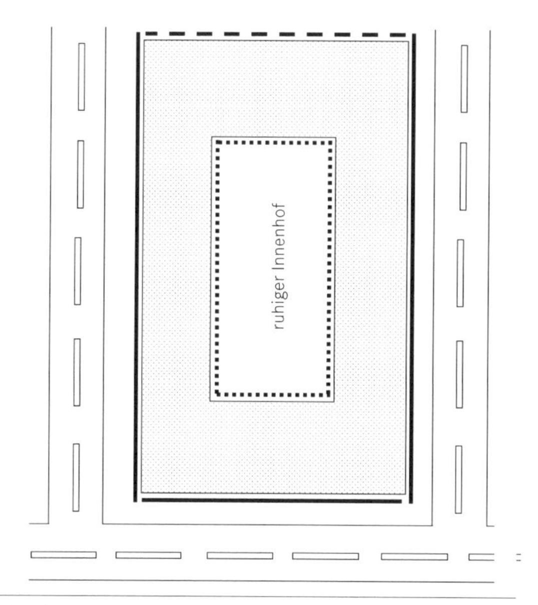

Abb. 22: Geschlossene Gebäudeform

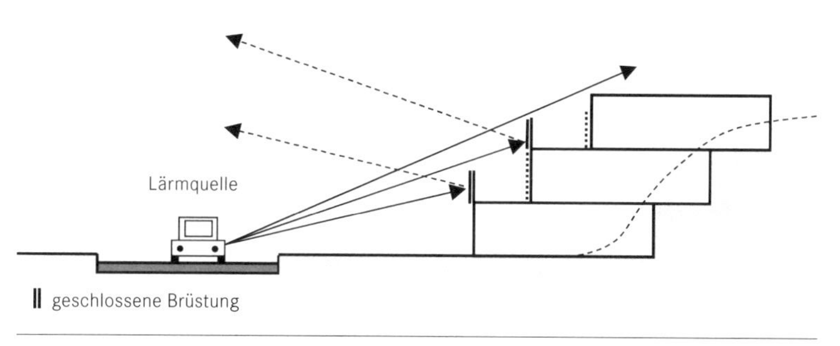

Abb. 23: Terrassierung von Gebäuden

PLANERISCHE LÄRMSCHUTZMASSNAHMEN

Neben der Wahl einer geeigneten Grundrissform kann der Lärmschutz auch mit planerischen Elementen am Gebäude erreicht werden. Dies kann z. B. über an den seitlichen Fassaden des Gebäudes angeordnete Erker erfolgen. Diese bieten den Vorteil, dass das Lüftungsfenster auf der lärmabgewandten Erkerseite angeordnet kann. Für eine ausreichende Lärmminderung muss das Fenster einen ausreichenden Abstand zur Erkerecke aufweisen. > Abb. 24

Häufig kommt es bei der Planung vor, dass nicht alle lärmempfindlichen Räume auf der lärmabgewandten Seite angeordnet werden können. Um trotzdem ruhigere Außenbereiche zu erzielen, können Loggien vor den schutzbedürftigen Räumen angeordnet werden. Diese werden beispielsweise mit einer teilgeöffneten Verglasung und gegebenenfalls mit schallschluckenden Deckenuntersichten ausgeführt. Kann die Verglasung geöffnet werden, so hat der Nutzer einen direkten Bezug nach außen. Bei der Verglasung ist auf eine ausreichende Schalldämmung zu achten. > Abb. 25, > Abb. 26

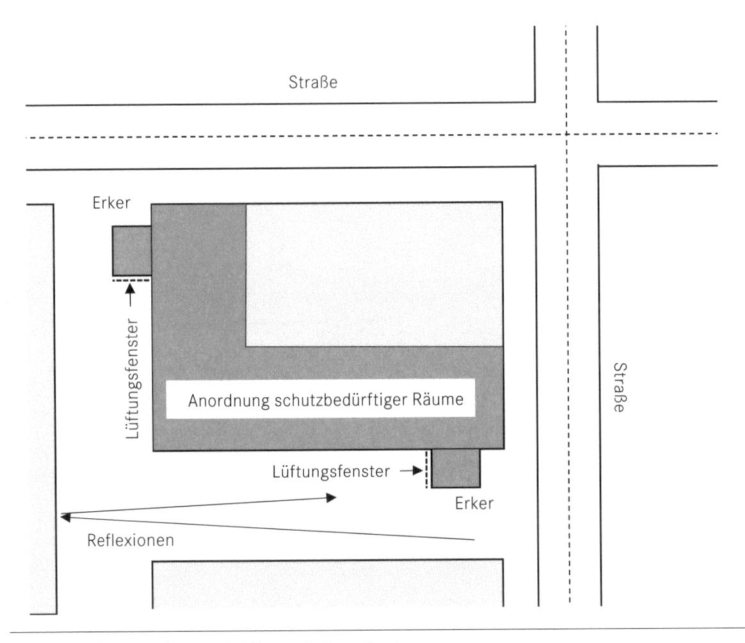

Abb. 24: Erkeranordnung als Lärmschutzmaßnahme

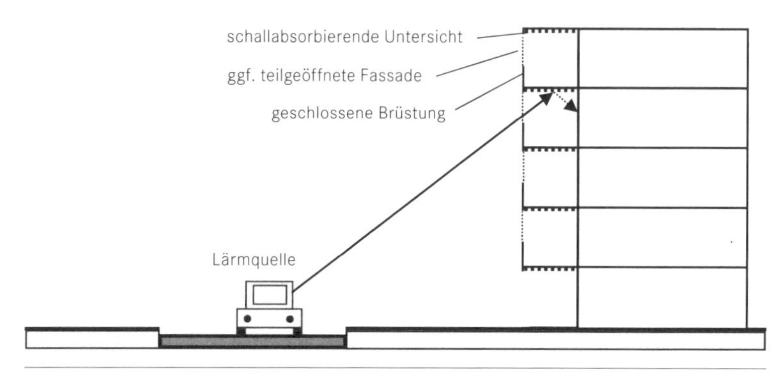

Abb. 25: Loggien als Lärmschutzmaßnahme

Abb. 26: Loggia mit teilgeöffneter Verglasung

Bauakustik

Während beim Schallimmissionsschutz der von außen auf ein Gebäude einwirkende Schall untersucht wird, verfolgt die Bauakustik das Ziel, den Menschen vor einer übermäßigen Schallübertragung von außen und innerhalb des Gebäudes zu schützen. Dafür sind die Trennbauteile wie z. B. Außenwände, Dächer, Fenster, Wohnungstrennwände und Geschossdecken mit einer ausreichenden Schalldämmung zu planen. Ebenfalls sind Geräusche, die aus haustechnischen Anlagen entstehen (Aufzügen, Wasserinstallationen, Lüftungsgeräten usw.) weitestgehend zu reduzieren. Für die Entwicklung entsprechender Bauteilkonstruktionen und schalltechnischer Maßnahmen sind umfangreiche Kenntnisse der schalldämmenden Eigenschaften von Baukonstruktionen und Materialien erforderlich. Die messtechnische und rechnerische Bestimmung der Schalldämmung sind daher die wichtigsten Aufgabengebiete in der Bauakustik. Nachfolgend werden die wesentlichsten Grundlagen und Konstruktionshinweise beschrieben.

LUFTSCHALL – TRITTSCHALL

In der Bauakustik wird zwischen Luft- und Trittschallschutz unterschieden, wobei es sich beim Trittschall um eine besondere Form von Körperschallanregung handelt.

Luftschall

Als Luftschall wird der in der Luft über Teilchenschwingungen sich ausbreitende Schall bezeichnet. Dabei wirkt der Schall auf das trennende Bauteil und wird auf der anderen Seite in geschwächter Form abgestrahlt. Neben der direkten Schallübertragung des Trennbauteils wird der Schall auch über flankierende Bauteile wie z.B. die Decke, den Boden oder seitliche Wände übertragen. > Abb. 27

Trittschall

Als Trittschall wird die direkte mechanische Anregung eines Trennbauteils beim Begehen z.B. einer Geschossdecke, einer Treppe oder eines Treppenpodestes verstanden. Hierbei wird das Bauteil direkt in Biegeschwingungen versetzt, wobei die Körperschallanregung eine Luftschallabstrahlung im benachbarten Raum bewirkt. Bei der Beurteilung von Geschossdecken, Treppen usw. wird in der Regel von Trittschall gesprochen. Bei einer Bauteilanregung z. B. durch Bohren, Klopfen oder Hämmern spricht man im Allgemeinen von Körperschallanregung.

Bei der Trittschallanregung des Bauteils entstehen Übertragungswege in den direkt darunterliegenden Raum, aber auch in horizontaler und diagonaler Richtung sowie in die darüberliegenden Räume. > Abb. 28

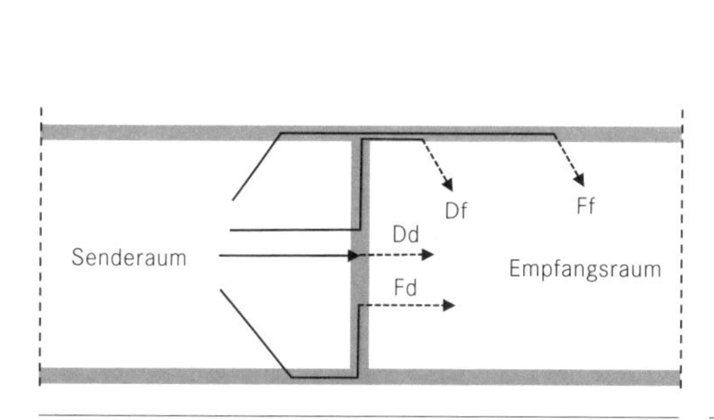

Abb. 27: Abbildung Luftschallübertragungswege benachbarter Räume

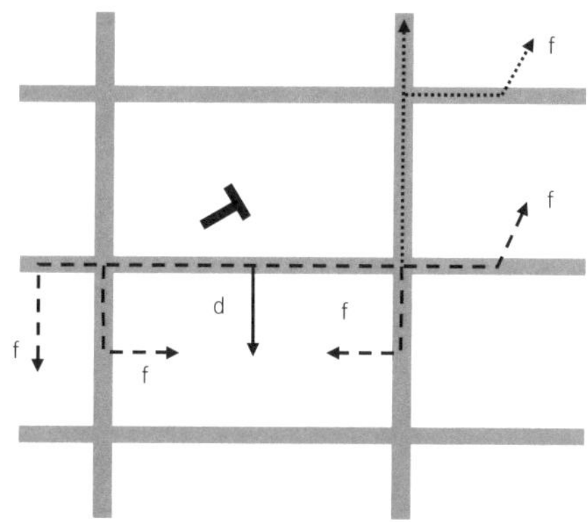

Abb. 28: Trittschallübertragungswege benachbarter Räume

BAUAKUSTISCHE KENNGRÖSSEN

Luftschalldämmung, Luftschalldämmmaß

Bei der Luftschalldämmung eines Trennbauteiles geht es darum, dass möglichst wenig Schallenergie von einem Raum in die benachbarten Räume übertragen wird. Stellt man z. B. im Senderaum einen Lautsprecher auf und misst dann den Schallpegel sowohl im Sende- als auch im Empfangsraum, so wird der Schall über das Trennbauteil selbst und über die Schallnebenwege der flankierenden Bauteile (angrenzende Wände, Decken usw.) oder von Öffnungen und Leitungsdurchdringungen übertragen. > Abb. 27 Bei der Bestimmung der Luftschalldämmung eines Trennbauteils handelt es sich vereinfacht gesagt um die Schallpegeldifferenz zwischen den Schallpegeln im Sende- und Empfangsraum. Je größer die Schallpegeldifferenz, desto besser ist die Schalldämmung des Bauteils. ○

○ **Hinweis**: Häufig wird die Qualität der Schalldämmung von Trennbauteilen durch ein Prüflabor im Rahmen von Forschungsarbeiten oder im Auftrag eines Produktherstellers ermittelt. Hierbei werden die Luftschalldämmmaße unter Annahme idealer Einbaubedingungen gemessen. Führt man beim selben Bauteil im eingebauten Zustand am Bau eine Schallmessung durch, so ergibt sich aufgrund der tatsächlichen Einbaubedingungen ein in der Regel geringeres Luftschalldämmmaß. Dieser Umstand ist bei der schalltechnischen Planung von Trennbauteilen zu berücksichtigen.

Das ermittelte Luftschalldämmmaß unter Berücksichtigung der Schallnebenwege ist dann mit den jeweils gültigen nationalen Normen zu vergleichen.

Schalldruckpegeldifferenz

Das oben beschriebene Bauschalldämmmaß dient zur Charakterisierung der schalltechnischen Qualität eines Bauteils. Möchte man hingegen aufzeigen, wie die Geräuschminderung durch das Trennbauteil von einem Raum zum benachbarten Raum ist, bietet sich die Angabe der Schalldruckpegeldifferenz an. Diese ist von der schalltechnischen Qualität des Trennbauteils, der Ausbildung der flankierenden Bauteile und den jeweiligen Raumeigenschaften abhängig.

Ist beispielsweise ein Raum sehr nachhallend, so wird der Schalldruckpegel höher empfunden als bei einem Raum, der aufgrund schallabsorbierender Materialien weniger nachhallend ist. Die Schalldruckpegeldifferenz dient zur Beschreibung der subjektiven Wahrnehmung der Geräuschminderung.

Trittschalldämmung

Bei der Ermittlung der Trittschalldämmung eines Trennbauteils (z. B. einer Geschossdecke) wird parallel zur Körperschallanregung des Bauteils im Senderaum der Schallpegel im Empfangsraum ermittelt. Der Körperschall wird dabei direkt über das Trennbauteil sowie über die flankierenden Bauteile übertragen. O

Die ermittelte Trittschalldämmung unter Berücksichtigung der Schallnebenwege ist dann mit den jeweils gültigen nationalen Normen zu vergleichen.

O **Hinweis**: Bei der Ermittlung der Trittschalldämmung einer Geschossdecke wird nicht die Pegeldifferenz, sondern der Pegel im Empfangsraum gemessen. Daher gilt: Je kleiner der gemessene Schallpegel ist, desto besser ist die Schalldämmung

EINFLUSS DER NEBENWEGÜBERTRAGUNG

Nebenwege Luftschall

Bei den Trennbauteilen wird der Schall nicht nur über das trennende Bauteil, sondern auch über die Nebenwege übertragen. Bei der Betrachtung der Luftschalldämmung sind die direkt an das Trennbauteil angeschlossenen Bauteile wie z. B. flankierende Wände, Decken und Fußböden, aber auch Öffnungen oder Undichtigkeiten im Trennbauteil selbst (Leckagen, Lüftungsöffnungen, Rohrleitungen usw.) relevant. Diese Nebenwege haben in der Regel einen großen Einfluss auf die resultierende Schalldämmung des trennenden Bauteils. Neben den Abmessungen und der Konstruktion des flankierenden Bauteils ist dabei auch die Ausführung der Stoßstelle, also der jeweiligen Bauteilverbindung, zu betrachten. Leichte flankierende Bauteile wie z. B. ein schwimmender Estrich oder eine abgehängte Decke, die ohne Unterbrechung ober- und unterhalb einer Trennwand geführt werden, verschlechtern die Schalldämmung des Trennbauteils stark. Wird hingegen der Estrich oder die abgehängte Decke im Bereich des Trennbauteils unterbrochen, so kann mit diesen Bauteilen (vorgesetzten Schalen) eine deutliche Verbesserung erzielt werden. > Abb. 29

Oftmals kommt es vor, dass ein flankierendes Bauteil im Bereich der Trennwand z. B. aus statischen Gründen nicht unterbrochen werden kann. Um trotzdem eine ausreichende Schalldämmung des Trennbauteils zu erzielen, ist das Flankenbauteil entweder in einer ausreichenden flächenbezogenen Masse oder mit entsprechenden Vorsatzschalen auszuführen. Die Vorsatzschalen funktionieren in dem Fall wie ein Schutzschild, damit das flankierende Bauteil möglichst wenig durch die Schallenergie angeregt wird.

Übertragungswege Trittschall

Bei der Trittschallübertragung handelt es sich um eine direkte Körperschallanregung (z. B. beim Gehen über die Geschossdecke) des trennenden Bauteils. Neben der vertikalen Trittschallübertragung sind bei Treppenläufen oder auch bei Balkonen Übertragungen des Trittschalls in horizontaler oder diagonaler Richtung zu beachten. Je nach Übertragungsrichtung

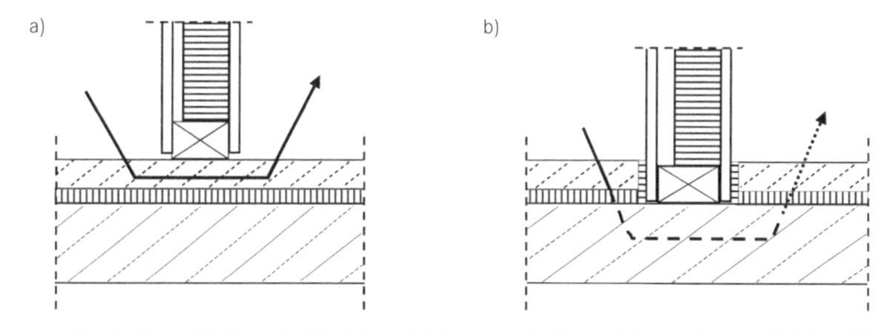

Abb. 29: a) Estrich durchlaufend (ungünstig) b) Estrich getrennt (günstig)

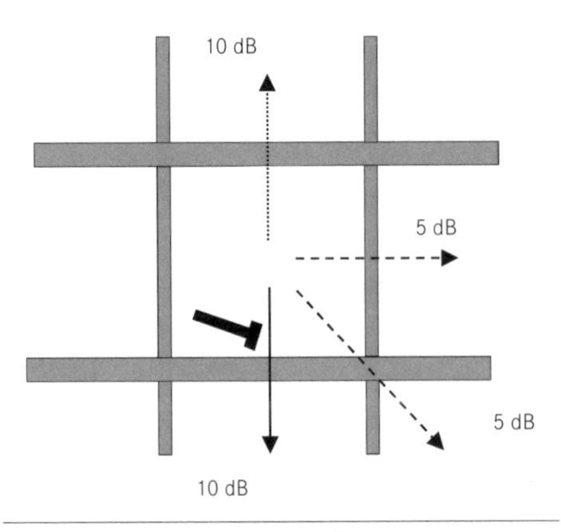

Abb. 30: Korrekturwerte je nach Übertragungsrichtung

können bei der Berechnung des Trittschalls Korrekturwerte angesetzt werden. Möchte man beispielsweise die Trittschalldämmung eines Balkons zu einem diagonal darunterliegenden Wohnraum beurteilen, so kann mit einer ca. 5 dB geringeren Trittschallübertragung gerechnet werden. > Abb. 30

EINSCHALIGE BAUTEILE

In der Bauakustik wird zwischen einschaligen und zweischaligen Bauteilen unterschieden. Bei einschaligen Bauteilen erfolgt die Luftschalldämmung maßgeblich über die flächenbezogene Masse des trennenden Bauteils. Typische einschalige Bauteile sind z. B. Mauerwerkswände oder Stahlbetonwände. Diese werden auch als einschalig bezeichnet, wenn sie mit einer Putzschicht ausgeführt werden.

Massegesetz

Gemäß dem Berger'schen Massegesetz ist die Luftschalldämmung einschaliger Bauteile umso höher, je größer die flächenbezogene Masse ist. Diese errechnet sich aus der Materialrohdichte δ sowie der Bauteildicke d. Bei mehreren Schichten wie z. B. der Putzschicht werden auch diese in die flächenbezogene Masse eingerechnet, auch wenn diese zusätzlichen Massen in der Regel nicht maßgeblich zur Schalldämmung des Trennbauteils beitragen. Beim Mauerwerk allerdings dient die Putzschicht ebenfalls als abdichtende Schicht, um mögliche Undichtigkeiten in der Trennwand zu überbrücken. Im Diagramm (> Abb. 31) kann die Luftschalldämmung eines einschaligen Bauteils in Abhängigkeit von der flächenbezogenen Masse und vom Material abgelesen werden.

● **Beispiel:** Mauerwerk d = 15 cm, Rohdichte δ = 1900 kg/m² → m' = 285 kg/m²; nach der Gösele-kurve gemäß Abb. 32 ergibt sich damit ein Luftschalldämm-Maß R_w ≈ 48 dB

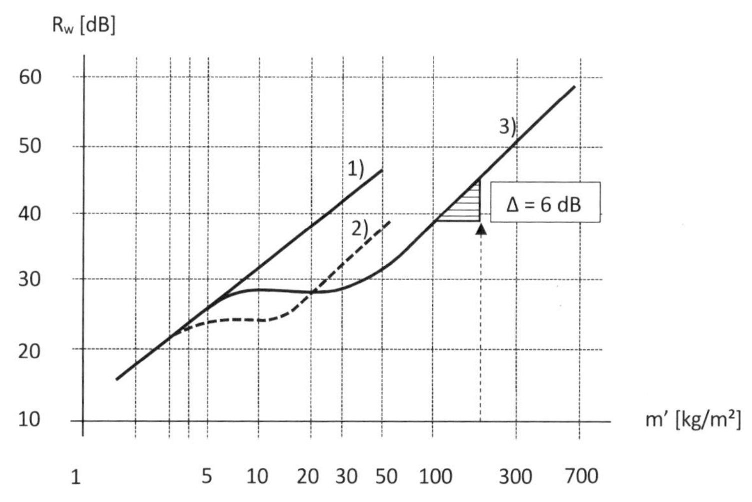

1) Stahlblech bis 2 mm Dicke
2) Holz u. Holzwerkstoffe
3) Gipsbaustoffe, Beton, Mauerwerk

Abb. 31: Luftschalldämmung einschaliger Bauteile in Abhängigkeit von Material und Masse

In Abb. 31 gibt es bei den Diagrammen für Holzwerkstoffe sowie bei Gipsbaustoffen, Beton und Mauerwerk Bereiche, in denen sich die Schalldämmung auch unter Erhöhung der flächenbezogenen Masse nicht erhöht. Dies liegt daran, dass sich mit zunehmender Wand- oder Plattendicke auch die Biegesteifigkeit der Konstruktion erhöht.

Das Berger'sche Massegesetz sagt zudem aus, dass eine Verdopplung der Frequenz oder auch der flächenbezogenen Masse eine Verbesserung der Luftschalldämmung um 6 dB bewirkt. ○

○ **Hinweis**: Es handelt sich hierbei nur theoretisch um eine Verbesserung von 6 dB, da das Massegesetz von einem senkrechten Schalleinfall auf das Trennbauteil sowie von einem ideal diffusen Schallfeld ausgeht. In der Praxis trifft der Schall nicht nur senkrecht, sondern auch schräg auf ein Bauteil.

Koinzidenzgrenzfrequenz

Neben dem oben beschriebenen Massegesetz ist auch die sogenannte Koinzidenzgrenzfrequenz von großer Bedeutung für die Luftschalldämmung des Trennbauteils. Trifft Schall z. B. durch Luftschallanregung einer sprechenden Person schräg auf eine Trennwand, so wird diese in Biegeschwingungen versetzt. Der auf dem Trennbauteil auftreffende Schall breitet sich als Luftschall längs zur Wand aus. Die Schallübertragung eines einschaligen Bauteils ist dann besonders groß, wenn die Wellenlänge des Luftschalls λ_L mit der Biegewelle des Bauteils λ_E übereinstimmt. > Abb. 32

Damit es durch die Koinzidenzgrenzfrequenz nicht zu einer starken Reduktion der Luftschalldämmung kommt, ist bei der Planung der kritische Frequenzbereich außerhalb des für die Bauakustik maßgebenden Bereichs zu legen. ○

In der Praxis beschränkt man sich meistens darauf, den Bereich zwischen 160 Hz und 2000 Hz als kritisch zu betrachten, da dieser genau im bauakustisch relevanten Frequenzbereich liegt. Bauteile mit einer Koinzidenzgrenzfrequenz kleiner als 160 Hz gelten als ausreichend biegesteif und Bauteile über 2000 Hz als ausreichend biegeweich. In Tab. 4 sind ein paar Beispiele von in der Praxis möglichen Bauteilen aufgelistet.

Biegesteife Bauteile wie z. B. Mauerwerkswände sollten grundsätzlich möglichst biegesteif, biegeweiche Bauteile wie z. B. Beplankungen von Trockenbauwänden möglichst biegeweich ausgeführt werden. ○ ■

○ **Hinweis**: Die Koinzidenzgrenzfrequenz ist abhängig von der Materialrohdichte ρ, der Bauteildicke d und dem Elastizitätsmodul E_{dyn} und kann wie folgt berechnet werden:

$$f_g \cong \frac{60}{d \times \sqrt{\frac{\rho}{E_{dyn}}}} \quad [\mathrm{Hz}]$$

mit:
d = Bauteildicke in m
ρ = Materialrohdichte in kg/m³
E_{dyn} = dynamischer E-Modul des Materials in MN/m²

○ **Hinweis**: Massivwände mit einer flächenbezogenen Masse ≤ 200 kg/m² sind als kritisch zu betrachten, da hier die Koinzidenzfrequenz genau im bauakustisch relevanten Bereich liegt. Dies trifft insbesondere auf Bauplatten aus Gips, Porenbeton oder Bimsbeton mit Wanddicken zwischen 6 und 12 cm zu.

■ **Tipp**: Bei der Planung von Trockenbauwänden ist die Plattendicke aufgrund der Koinzidenzgrenzfrequenz auf max. 18 mm zu beschränken. Bei größeren erforderlichen flächenbezogenen Massen ist eine Doppel- oder Dreifachlage vorzuziehen.

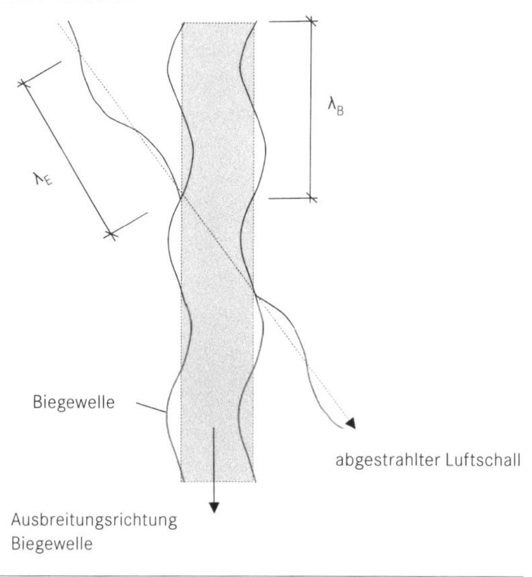

Abb. 32: Anregung und Abstrahlung von Biegewellen

Tab. 4: Beispiele für die Koinzidenzgrenzfrequenz von Bauteilen

Bauteil	Dicke d [cm]	Koinzidenzgrenzfrequenz f_g [Hz]
Backsteinmauerwerk	11,5	220
Betonwand	20	85
Gipsplatte	1,25	2500
Spanplatte	2	1300

ZWEISCHALIGE BAUTEILE

Als zweischalig werden Bauteile bezeichnet, die aus zwei unabhängig voneinander stehenden Schalen bestehen. Für eine möglichst große Entkopplung der beiden Schalen wird der Zwischenraum als Luftschicht oder aus weich federnden Dämmstoffen ausgeführt. Diese Konstruktion wird in der Akustik als Masse-Feder-Masse-System bezeichnet, wobei die beiden Wandschalen als Massen und die zwischen den Schalen eingeschlossene Luft oder mineralische Dämmung als Feder bezeichnet werden. Mit zweischaligen Konstruktionen lassen sich bei gleicher flächenbezogener Masse deutlich höhere Schalldämmmaße erzielen als bei einschaligen Bauteilen. In der Praxis sind die Schalen je nach Konstruktion über den Anschluss der angrenzenden Bauteile sowie bei Leichtbaukonstruktionen

(Metallständerkonstruktionen, Holzständerwände) auch in der Fläche über die Ständer miteinander verbunden. Diese Anschlüsse müssen bei der Planung zweischaliger Konstruktionen berücksichtigt werden. > Abb. 33

Resonanzfrequenz

Bei der Planung zweischaliger Konstruktionen ist zu beachten, dass die beiden Schalen bei einer bestimmten Frequenz (Anregung z. B. durch Sprechen) immer eine Resonanz aufweisen. Dabei schwingen die einzelnen Wandschalen so ungünstig zueinander, dass es zu einer deutlichen Verminderung der Schalldämmung kommt.

a = Wandschale 1 (Masse 1), z. B. Mauerwerk
b = mineralische Dämmung (Feder)
c = Wandschale 2 (Masse 2), z. B. Mauerwerk

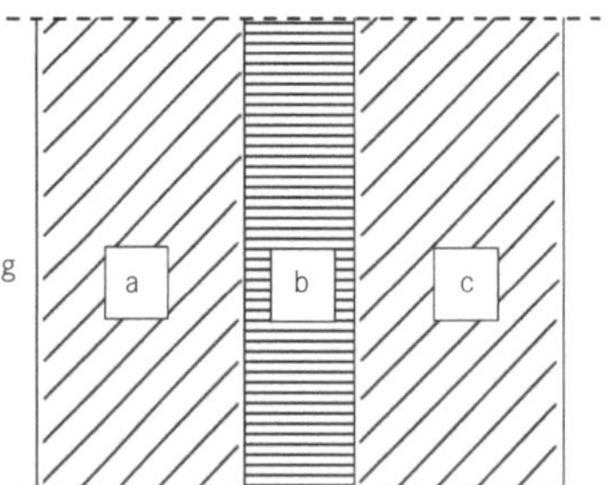

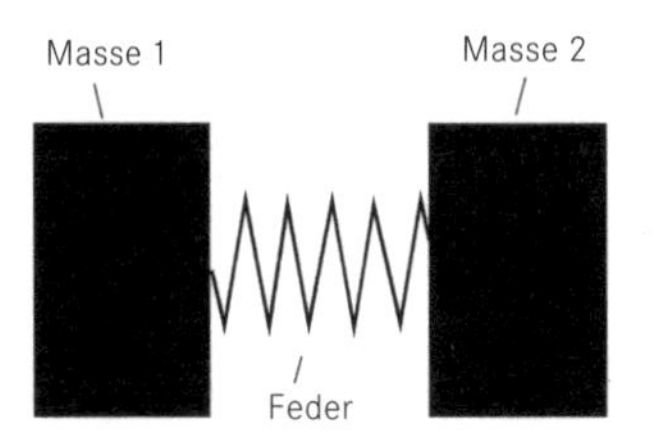

Abb. 33: Zweischalige Wandkonstruktion und Masse-Feder-Masse-System. Foto: Doppelständerwand in Holzrahemnbauweise

● **Beispiel**: Typische zweischalige Konstruktionen sind z. B. zweischalige Haus- oder Wohnungstrennwände, schwimmender Estrich oder Gipskartonständerwände.

● **Beispiel**: Ein Doppelmauerwerk d = 17,5 cm mit je m' = 330 kg/m² mit dazwischenliegender mineralischer Dämmung mit einer dynamischen Steifigkeit s' = 10 MN/m³ ergibt eine Resonanzfrequenz f_0 = 40 Hz.

○ **Hinweis**: Die Resonanzfrequenz ist im Wesentlichen von der flächenbezogenen Masse der Schalen sowie von der Federsteifigkeit der Zwischenschicht abhängig und lässt sich wie folgt berechnen:

$$f_0 = 160 \times \sqrt{s' \times \left(\frac{1}{m'_1} + \frac{1}{m'_2}\right)} \quad [\text{Hz}]$$

mit:
s = dynamische Steifigkeit der Dämmschicht in MN/m³
m' = flächenbezogene Masse der einzelnen Wandschale kg/m²

Um eine ausreichende Schalldämmung der zweischaligen Konstruktion zu erzielen, ist die Resonanzfrequenz durch konstruktive Maßnahmen mindestens unterhalb des für die Bauakustik relevanten Frequenzbereichs zu legen. Dies kann durch Erhöhung der Massen der einzelnen Bauteilschalen sowie durch die Wahl einer möglichst geringen Federsteifigkeit der Zwischenschicht erreicht werden. Ebenfalls wirkt sich ein größerer Abstand der Wandschalen positiv auf die Schalldämmung aus. In Abb. 34 ist der prinzipielle Verlauf der Luftschalldämmung eines zweischaligen Bauteils dargestellt. Im Bereich 1 verhält sich die Schalldämmung der zweischaligen Konstruktion wie die einer einschaligen Konstruktion. Im Bereich 2 erlebt die zweischalige Wand aufgrund der Resonanzfrequenz einen Einbruch in der Schalldämmung und weist im Vergleich zu einer gleich schweren einschaligen Wand ein geringeres Schalldämmmaß auf. Im Bereich 3 erreicht die zweischalige Wand ein deutlich höheres Schalldämmmaß als eine gleich schwere Wandkonstruktion. ○

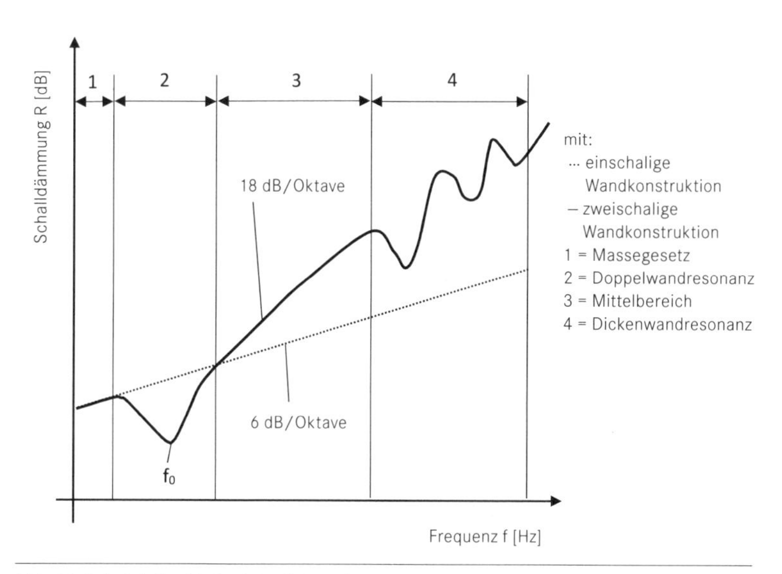

Abb. 34: Prinzipieller Verlauf der Schalldämmung einer zweischaligen Konstruktion

○ **Hinweis**: Resonanzfrequenzen zwischen 100 Hz und 4000 Hz sind als kritisch zu betrachten. Grundsätzlich gilt: Je kleiner die Resonanzfrequenz f_0, desto besser ist die Schalldämmung aufgrund einer Verbesserung hin zu den tiefen Frequenzen.

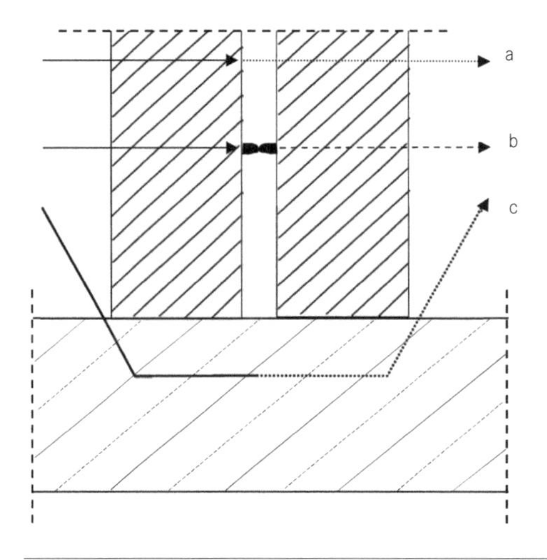

Abb. 35: Schallübertragungswege bei einer zweischaligen Konstruktion

Schallbrücken

Idealerweise wird der Schall nur über die zweischalige Wand und über die in der Regel unvermeidbare Randeinspannung z. B. im Bereich der Bodenplatte und des Deckenanschlusses übertragen. > Abb. 35 Können flankierende Bauteile im Bereich der Randeinspannung nicht sauber getrennt werden, so müssen die Flanken in einer ausreichenden Masse ausgeführt werden. Alternativ kann die Schallübertragung über entsprechende Vorsatzschalen an den Flanken oder über eine Entkopplung der Randeinspannung durch spezielle Dämmstreifen reduziert werden. ■

Gipskarton-Wandkonstruktionen

Neben den oben beschriebenen zweischaligen Wandkonstruktionen beispielsweise aus biegesteifen Mauerwerkswänden können auch mit Leichtbaukonstruktionen aus biegeweichen Schalen, z. B. aus Gipskartonplatten, gute Schalldämmwerte erzielt werden. Damit die Koinzidenzfrequenz der einzelnen Schalen/Platten nicht in den bauakustisch

■ **Tipp**: Unbedingt vermieden werden sollten Schallbrücken, wie sie z. B. durch überstehende Mörtelfugen bei gemauerten Wänden im Bereich des Hohlraums zwischen den Schalen entstehen können. Dazu empfiehlt es sich, besonders bei gemauerten zweischaligen Wandkonstruktionen, den Hohlraum mit weich federnder mineralischer Dämmung zu versehen. Die mineralische Dämmung erfüllt zusätzlich den Zweck, den Hohlraum zu bedämpfen.

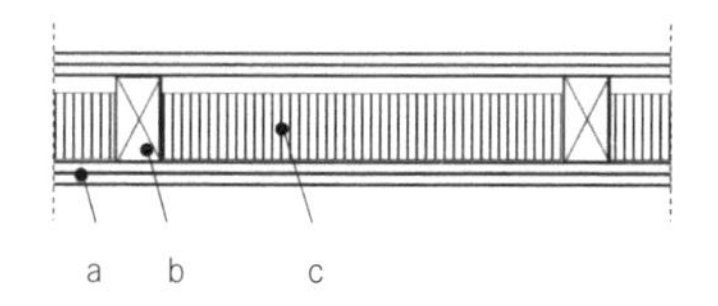

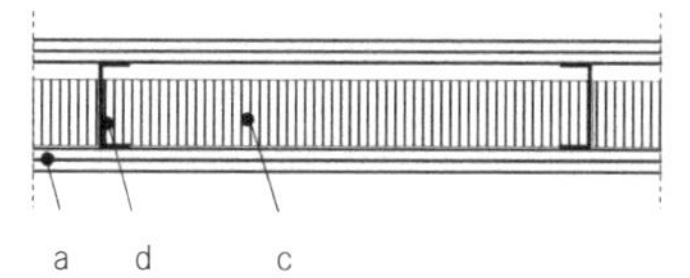

a = Gipskarton- oder Gipsfaserplatte
b = Holzständer
c = mineralische Dämmung
d = Metallständer (C-Profil)

Abb. 36: Zweischalige Wandkonstruktionen aus biegeweichen Schalen

relevanten Bereich verschoben wird, dürfen diese nicht zu dick ausgeführt werden. Soll die Masse der einzelnen Schichten erhöht werden, so sind anstelle einer dickeren Platte Doppel- oder Mehrfachbeplankungen auszuführen. Dadurch wird die Koinzidenzgrenzfrequenz nur unwesentlich verringert. > Abb. 36

Aufgrund der Biegeweichheit müssen die beiden Schalen durch Ständer aus Metall oder Holz gehalten werden. Eine Verbesserung des zweischaligen Bauteils oberhalb der Resonanzfrequenz wird durch die Kopplung der Schalen allerdings deutlich reduziert. Die Kopplung über den Ständer wirkt wie eine Schallbrücke, die durch Einsatz von elastischen Verbindern oder durch eine weichfedernde Zwischenschicht möglichst verkleinert werden muss. Aufgrund der elastischen Eigenschaften haben sich bei Trockenbauwänden Wandständer aus dünnen Metallblechen (z. B. C-Profile) bewährt. Für eine bessere Entkopplung der Wandschalen werden häufig auch Doppelständer oder freistehende Vorsatzschalen verwendet.

Die Bedämpfung des Hohlraums zwischen den Schalen hat einen großen Einfluss auf die Resonanzfrequenz und damit auf die Schalldämmung des Bauteils. Im Bereich der Ständer ist die Schalldämpfung relativ gering, allerdings sollte der Hohlraum zwischen den Ständern mit offenporigem, schallschluckendem Material versehen werden. Die Dämpfung erfolgt durch Reibung an den einzelnen Faserschichten und Umwandlung der Schallenergie in Wärme. Dadurch werden Resonanzeffekte und Reflexionen im Hohlraum reduziert. Als Dämmstoff können Mineralfaser- und Holzfaserdämmstoffe oder auch Dämmstoffe aus Schaf- oder Baumwolle eingesetzt werden. Geschlossenporige Schaumkunststoffe, z. B. Polystyrolplatten, PU-Schaumplatten usw., sollten vermieden werden. ○

○ **Hinweis**: Der eingesetzte Dämmstoff sollte einen geeigneten Widerstand, den sogenannten längenbezogenen Strömungswiderstand, aufweisen. Dieser sollte zwischen 5 kPa s/m und 50 kPa s/m betragen. Auf den längenbezogenen Strömungswiderstand wird im Kapitel Raumakustik näher eingegangen.

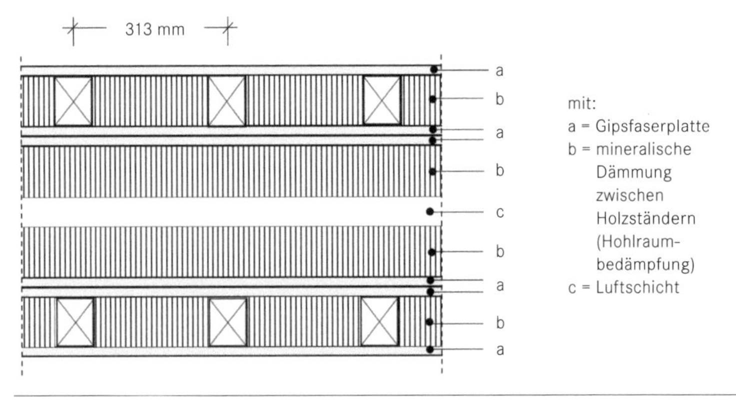

Abb. 37: Zweischalige Holzrahmenbauwand mit reduziertem Ständerabstand

Bei Leichtbaukonstruktionen hat die Ständertiefe nur einen verhältnismäßig geringen Einfluss auf die Schalldämmung des Trennbauteils. Durch eine Veränderung des Ständerrasters hingegen verändert sich die Schalldämmung im tief- und mittelfrequenten Bereich. Diese Eigenschaft macht man sich beispielsweise bei Gebäudetrennwänden in Holzbauweise zunutze. Durch eine Reduktion des Ständerabstandes von 625 mm auf ca. 313 mm wird die Schalldämmung im tieffrequenten Bereich deutlich erhöht. > Abb. 37

Optimierung einschaliger Bauteile

Benötigen einschalige Massivbauwände z. B. aus Mauerwerk oder Stahlbeton eine Optimierung der Luftschalldämmung, so empfiehlt sich der Einsatz einer biegeweichen Vorsatzschale. Dabei ist die richtige Resonanzfrequenz zu wählen und der Koinzidenzeffekt zu beachten. Die Koinzidenzfrequenz der massiven Wand sollte möglichst zu den tiefen Frequenzen, also möglichst biegesteif, und die der leichten Vorsatzschale möglichst zu den hohen Frequenzen (biegeweich) verschoben werden. Durch die geringere Schallabstrahlung der Vorsatzschale wird die massive Wandkonstruktion deutlich weniger angeregt. Als Vorsatzschale kommen in der Regel Plattenbaustoffe aus Gipskarton- oder Gipsfaserplatten zum Einsatz, die in der Regel mit einem Metallständer vor die massive Wand gestellt werden. Idealerweise wird die Vorsatzschale freistehend vor die Massivbauwand gestellt. > Abb. 38 O

O **Hinweis**: Die Resonanzfrequenz f_0 sollte möglichst tief mit $f_0 \leq 80$ Hz abgestimmt werden. Um auch die Koinzidenzfrequenz in den Griff zu bekommen, sollte die Plattendicke auf zwischen 12,5 mm und 18 mm begrenzt werden. Ist eine höhere Masse erforderlich, sollte eine mehrlagige Beplankung gewählt werden.

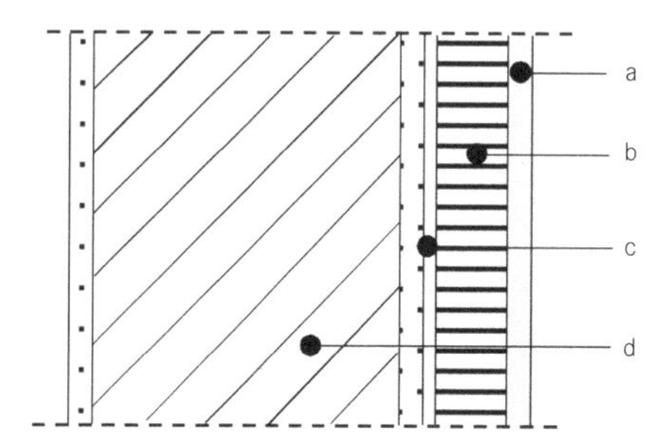

a = Gipskarton- oder Gipsfaserplatte
b = mineralische Dämmung
c = Luftschicht
d = bestehendes Mauerwerk mit Putzschicht

Abb. 38: Abbildung Massivwand mit Vorsatzschale

TRITTSCHALLSCHUTZ

Für einen ausreichenden Trittschallschutz ist das Flächengewicht von tragenden Betondecken, Treppenläufen und -podesten oder auch die Konstruktion einer tragenden Geschossdecke in Holzbauweise in der Regel nicht ausreichend. Um die Anforderungen an den Trittschallschutz zu erfüllen, müssen diese mit zusätzlichen Maßnahmen wie z. B. einem schwimmenden Estrich mit Trittschalldämmung oder mit trittschallmindernden elastischen Lagern ausgeführt werden.

Trittschalldämmung

Zur Verbesserung der Trittschalldämmung haben sich zusätzliche Deckenauflagen aus gehweichen und schwimmend verlegten Fußböden (schwimmende Estriche) bewährt. Hierbei wird z. B. ein Zementestrich schwimmend auf eine Trittschalldämmung verlegt. Bei schwimmenden Estrichen im Wohnungsbau wird in der Regel eine Trittschalldämmung aus expandiertem Polystyrol (EPS) oder aus mineralischer Dämmung verwendet. Das wichtigste Kriterium bei der Auswahl der Trittschalldämmung ist die dynamische Steifigkeit. Diese beschreibt das Materialverhalten bei wechselnder Belastung, also z. B. beim Begehen einer Geschossdecke. Je geringer die dynamische Steifigkeit ist, desto besser wirkt sich dies auf die Trittschalldämmung des Bauteils aus. Damit keine übermäßigen Verformungen in der Estrichplatte auftreten, sollte die Auswahl der Trittschalldämmung mit den Lastannahmen aus der Statik abgestimmt werden. > Abb. 39 ○

○ **Hinweis**: Gehweiche Bodenbeläge wie Teppichböden sind als einzige Maßnahme zur Reduktion der Trittschallübertragung aufgrund der Austauschbarkeit zu hinterfragen. Der Nutzer soll den Bodenbelag in der Regel selbst wählen können.

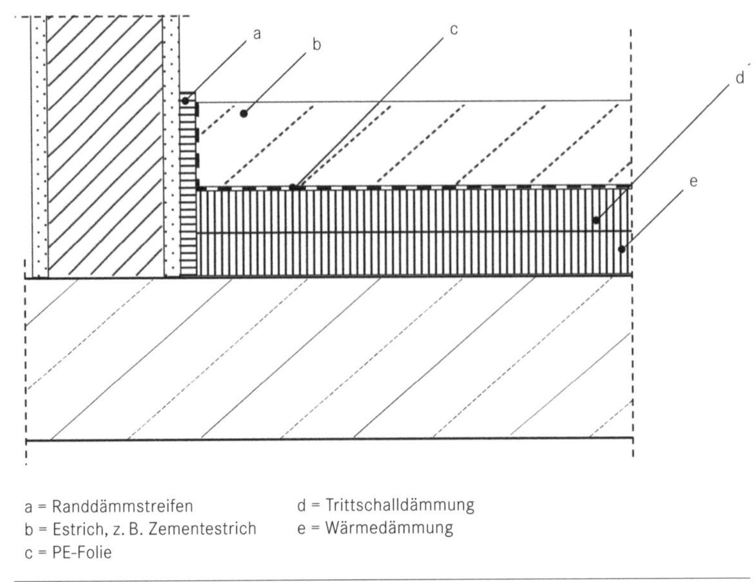

a = Randdämmstreifen
b = Estrich, z. B. Zementestrich
c = PE-Folie
d = Trittschalldämmung
e = Wärmedämmung

Abb. 39: Beispielzeichnung eines schwimmenden Estrichs mit Randanschluss

Masse-Feder-System

Der Estrich, die Trittschalldämmung und die tragende Geschossdecke bilden ebenfalls eine zweischalige Konstruktion und können als Masse-Feder-Masse-System betrachtet werden. Die Trittschalldämmung dient dabei als Feder und reduziert die Übertragung der Schallenergie auf die tragende Konstruktion. Entscheidend ist, wie bei der Luftschalldämmung zweischaliger Wandkonstruktionen, dass die Resonanzfrequenz mindestens unterhalb des für die Bauakustik relevanten Bereichs liegt. Das heißt, die Resonanzfrequenz und damit die Qualität der Trittschalldämmung lassen sich durch die Masse des Estrichs und der tragenden Geschossdecke sowie durch die Steifigkeit der Trittschalldämmung beeinflussen.

Da Deckenkonstruktionen in Holzbauweise eine deutlich geringere flächenbezogene Masse aufweisen als Konstruktionen in Massivbauweise, ist hier in der Regel eine zusätzliche Beschwerung der tragenden Decke erforderlich. Diese Beschwerung kann z. B. durch eine schwere Schüttung (ca. Rohdichte $\delta \geq 1500\,kg/m^3$), durch kleinformatige Betonplatten (ca. 30 x 30 cm) oder auch durch Verbundkonstruktionen aus Holz und Beton erfolgen. > Abb. 40 Eine Holz-Beton-Verbundkonstruktion hat den Vorteil, dass die Beschwerung auch statisch angesetzt werden kann.

Voraussetzung für eine ausreichende Trittschalldämmung ist die Ausführung des schwimmenden Estrichs ohne Körperschallbrücken. > Abb. 41 Das bedeutet, dass der Estrich keinen direkten Kontakt zur Rohdecke oder zu Wänden bzw. durchdringenden Bauteilen aufweisen darf. Die Trittschalldämmung muss dafür lückenlos verlegt werden, und zwischen

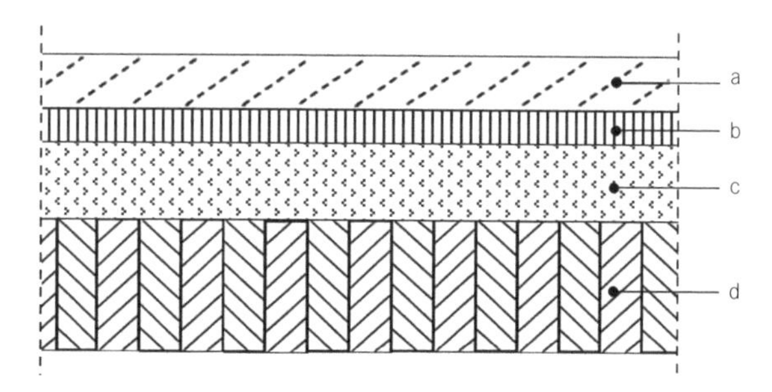

a = Estrich
b = mineralische Trittschalldämmung; $s' \leq 9\ MN/m^3$
c = Rohdeckenbeschwerung z. B. Splitt mit Rohdichte ≥ 1500 kg/m^2
d = Massivholzdecke

Abb. 40: Geschossdecke Holzbau mit Beschwerung

Estrich und Trittschalldämmung ist eine PE-Folie einzulegen. Die Trennung zu vertikalen Bauteilen erfolgt in der Regel über einen Randdämmstreifen, der zwischen Estrich und Wand oder Stütze lückenlos verlegt werden muss. Zusätzlich ist darauf zu achten, dass der auf den schwimmenden Estrich aufgebrachte Bodenbelag keinen direkten Kontakt zu den angrenzenden Bauteilen aufweist. ○

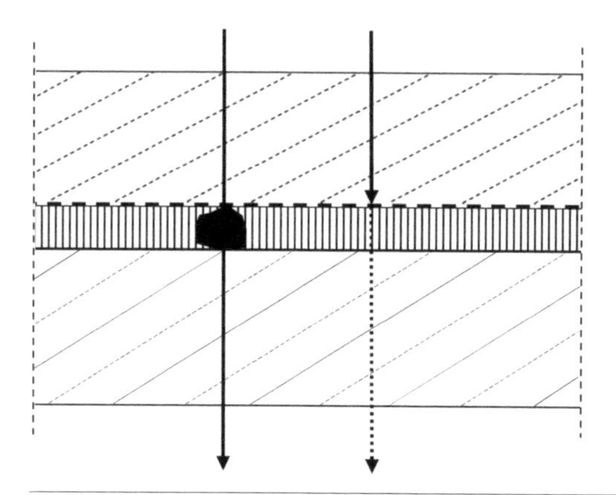

Abb. 41: Schwimmender Estrich mit Körperschallbrücke

○ **Hinweis**: Im Massivbau liegt bei tragenden Decken in der Regel eine deutlich höhere Masse vor als bei Decken in Leicht- und Holzbauweise. Um bei solchen Konstruktionen die Resonanzfrequenz in den Griff zu bekommen, muss eine Trittschalldämmung mit deutlich geringerer dynamischer Steifigkeit s' verwendet werden, z. B. aus mineralischen Dämmstoffen mit einer dynamischen Steifigkeit zwischen $s' = 6$ bis $9\ MN/m^3$.

○ **Hinweis**: Beim Massivbau wird in der Regel ein Randdämmstreifen aus Polyethylen (PE) eingesetzt; aufgrund der geringeren Masse von Leichtbau- oder Holzbauwänden hat sich hier ein Randdämmstreifen aus mineralischer Dämmung bewährt.

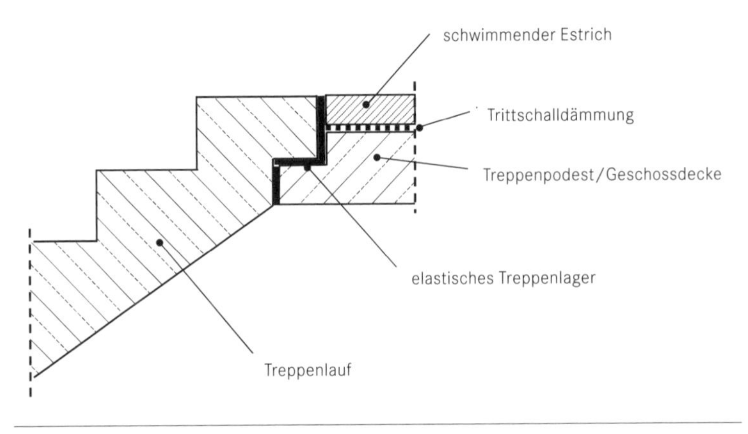

Abb. 42: Skizze Treppenauflager

Trittschall Treppen

Der Trittschallschutz von Treppenläufen wird in der Regel durch körperschalldämmende Elemente erzielt. Hierbei werden die Läufe elastisch auf den Geschossdecken und den Zwischenpodesten aufgelagert. Dabei müssen die Läufe entkoppelt von Treppenhauswänden ausgeführt werden. Die Treppenpodeste können ebenfalls mit körperschalldämmenden Elementen an die tragenden Treppenhauswände und Geschossdecken angeschlossen werden. Da von Treppenpodesten in die angrenzenden Räume eine größere Trittschallübertragung zu erwarten ist, werden sie in der Regel mit einem schwimmenden Estrich versehen. >Abb. 42

HAUSTECHNISCHE ANLAGEN

Bei haustechnischen Anlagen handelt es sich um fest installierte Anlagen wie z. B. Wasserinstallationen (WCs, Duschen, Waschbecken usw.), Heizungs- und Lüftungsanlagen, Fahrstühle oder Anlagen in Gewerbebetrieben. Die Installationsgeräusche ergeben sich durch Armaturen und fließendes (Ab-)Wasser, wobei der dadurch erzeugte Körperschall über die Rohrwandung und Rohrbefestigung auf die Gebäudestruktur (Wand, Decke usw.) übertragen und dann als Luftschall in den Raum abgestrahlt wird.

Maßnahmen zur Reduktion der Lärmbelastung durch haustechnische Anlagen

Um Bewohner bzw. Nutzer eines Gebäudes vor Lärmbelästigungen aus Installationsgeräuschen zu schützen, sind bei der Planung unterschiedliche Maßnahmen zu beachten. So ist bei der Auswahl der Armaturen eine möglichst leise Ausführung zu verwenden (z. B. Flüsterarmaturen, Armaturengruppe I).

Bereits bei der Planung der Grundrisse kann auf eine sinnvolle Anordnung von Sanitärräumen und schutzbedürftigen Räumen geachtet werden. Dies kann z. B. durch eine Anordnung der Sanitärräume in horizontaler Richtung gegenüberliegend zu einem nicht schützenswerten Raum

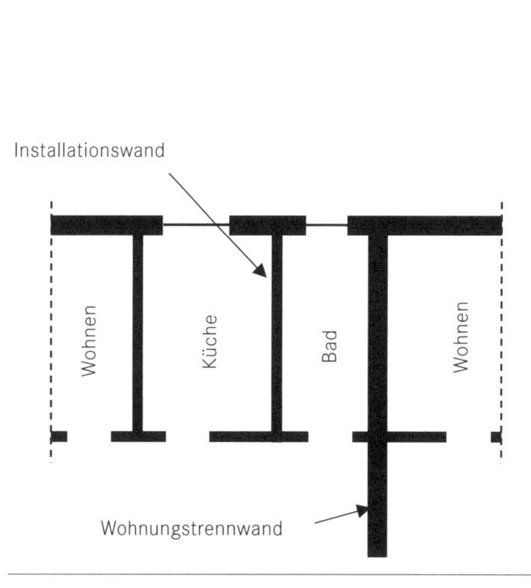

Abb. 43: Günstige Anordnung von Räumen mit Installationen

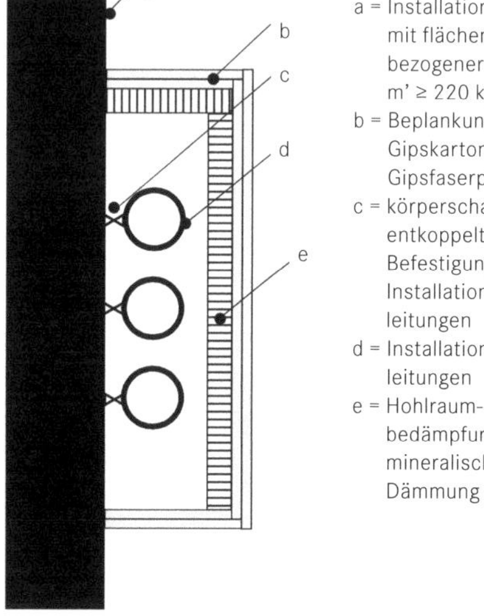

Abb. 44: Installationsschacht mit Hohlraumdämmung

und in vertikaler Richtung übereinander geschehen. Ebenfalls ist eine Anordnung der Sanitärräume und Küchen an einer gemeinsamen Trennwand sinnvoll. > Abb. 43

Installationswand und Installationsschacht

Neben der Grundrissgestaltung hat die flächenbezogene Masse der Installationswand einen großen Einfluss auf die Installationsgeräusche. Je größer die Masse der Installationswand, desto weniger lässt sich die Konstruktion anregen und desto geringer sind die Installationsgeräusche. Der von den Installationsleitungen abgestrahlte Luftschall lässt sich durch entsprechende Vorsatzschalen in Leichtbauweise vermindern. Hierbei ist zu beachten, dass der Installationsschacht auf je einer gegenüberliegenden Seite mit mineralischer Dämmung bedämpft wird, um Reflexionen und Resonanzen im Hohlraum zu vermeiden. > Abb. 44 O

O **Hinweis:** Um eine Körperschallanregung aufgrund von Installationsgeräuschen möglichst zu reduzieren, sollte die Installationswand eine flächenbezogene Masse von mindestens 220 kg/m² aufweisen.

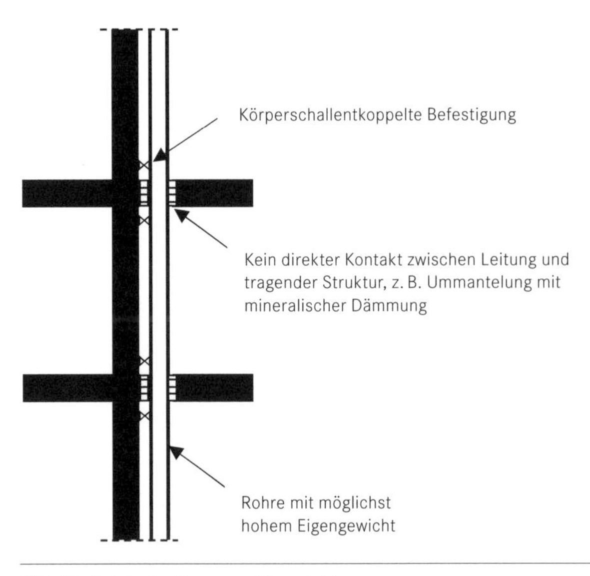

Abb. 45: Rohrbefestigung und Durchdringung

Installationsleitungen

Damit Installationsleitungen nicht unter den Putz verlegt werden, was zu schalltechnisch ungünstigen Schlitzen, Aussparungen und Öffnungen im Mauerwerk führt, werden heute in der Regel Vorwandinstallationen und Installationsschächte vorgesehen. Um die Körperschallübertragung der Installationen zu reduzieren, sind diese (z. B. Waschtisch, WC, Badewanne, Duschtasse usw.) körperschallentkoppelt mit sogenannten Schallschutzsets zu befestigen. Ebenfalls sind Rohrleitungen mit entsprechenden körperschallisolierenden Elementen (z. B. Rohrschellen mit Gummieinlage) zu befestigen, und bei Leitungsdurchdringungen ist ein direkter Kontakt zwischen tragender Struktur und Leitung unbedingt zu vermeiden. Um bei Abwasserrohren Eigenschwingungen durch abfallendes Wasser zu reduzieren, müssen entsprechende Rohre mit einem hohen Eigengewicht verwendet werden. > Abb. 45

Lüftungs- und Heizungsgeräte

Häufig werden größere technische Anlagen (Lüftungsgeräte, Blockheizkraftwerke usw.) für die Belüftung und Beheizung von Gebäuden geplant. Neben den oben beschriebenen Hinweisen zur Leitungsführung ist bei solchen Anlagen in der Regel auch auf eine elastische Lagerung zu achten, um eine Körperschallübertragung in die schutzbedürftigen Räume zu verhindern. Da solche Anlagen in der Regel separat in einem Technikraum oder auf dem Dach angeordnet werden, sollte bereits bei der Grundrissgestaltung darauf geachtet werden, dass diese Räume nicht unmittelbar neben, unter oder über einem schutzbedürftigen Raum positioniert werden. Auch bei der Leitungsführung sollte beachtet werden, dass die Leitungen durch nicht schutzbedürftige Nebenräume geführt werden.

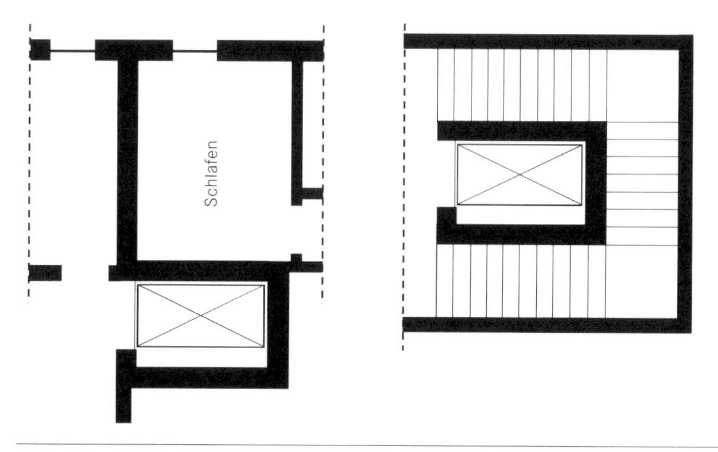

Abb. 46: Links: ungünstige Anordnung des Aufzugsschachts direkt neben einem schutzbedürftigen Raum; rechts: günstige Anordnung; der Aufzugsschacht ist in das Treppenhaus integriert

Aufzugsschacht

Wie bei der Grundrissgestaltung der Sanitärräume sollte auch bei der Planung des Aufzugsschachtes ein direktes Angrenzen an einen schutzbedürftigen Raum vermieden werden. > Abb. 46 Je nach Lage des Aufzugsschachtes im Gebäude muss die flächenbezogene Masse der Aufzugsschachtwand sowie der direkt angrenzenden und flankierenden Bauteile entsprechend hoch sein. Ebenfalls sind der Aufzug sowie die Aufzugsmaschine mit elastischen Elementen an der tragenden Struktur zu befestigen, um eine Übertragung des Körperschalls zu reduzieren.

SCHALLSCHUTZ AUSSENBAUTEILE

Der Schallschutz der Außenbauteile ist abhängig von der jeweiligen Lärmbelastung in der Umgebung sowie von der Nutzungsart der betroffenen Räume. Die resultierende Schalldämmung der Außenfassade setzt sich aus der Außenwand und ggf. der Dachkonstruktion, aus Fenstern, Außenwanddurchlässen (z. B. Außenwandlüftern, Fensterlüftern usw.) sowie Rollladenkästen zusammen. Fenster sowie ggf. Außenwanddurchlässe und Rollladenkästen sind in der Regel die kritischsten Teile der Fassade.

Fenster

Fenster haben die Aufgabe, den Raum mit ausreichend Licht sowie durch das Öffnen mit ausreichend Frischluft zu versorgen. Diese Anforderungen wirken sich einschränkend auf eine schalltechnisch optimale Konstruktion aus. Die Notwendigkeit des Öffnens der Fenster setzt ebenfalls eine Ausführung mit Fensterdichtungen voraus. Damit diese trotzdem eine ausreichende Schalldämmung erzielen, müssen sie mit einem ausreichenden Anpressdruck ausgeführt werden.

Bei den Fenstergläsern wird in der Regel zwischen Einfach-, Doppel- und Dreifachverglasungen sowie Sicherheitsgläsern wie z. B. Verbundsicherheitsgläsern unterschieden. Aufgrund der heutigen energetischen Anforderungen kommen in Wohn- und Gewerbegebäuden in der Regel Doppel- oder Dreifachverglasungen zum Einsatz.

Die Schalldämmung von Einfachglas- und Verbundsicherheitsscheiben ist hauptsächlich abhängig von der flächenbezogenen Masse der jeweiligen Scheibe. Verbundsicherheitsgläser, die aus zwei oder mehreren Scheiben mit einer entsprechenden Schutzfolie bestehen, wirken sich aufgrund des Koinzidenzeffekts erst bei höheren Scheibendicken positiv auf die Schalldämmung aus. Durch das Verkleben der einzelnen Scheiben sind Verbundsicherheitsgläser (VSG) weniger biegesteif als z. B. eine Einscheibensicherheitsverglasung (ESG) mit gleicher Dicke.

Doppelverglasungen werden so konstruiert, dass zwischen den einzelnen Scheiben ein Zwischenraum entsteht. Neben der flächenbezogenen Masse der einzelnen Scheiben ist die Größe des Scheibenabstandes für die Schalldämmung der Mehrfachverglasung entscheidend. Bei zu geringen Scheibenabständen ist die Schalldämmung gleichwertig oder, aufgrund der relativ hohen Resonanzfrequenz, ggf. auch schlechter als bei einer Einfachverglasung mit gleicher flächenbezogener Masse. Erst ab einem Scheibenabstand von ungefähr 16 mm ergeben sich Verbesserungen bei einer Doppelverglasung im Vergleich zur Einfachverglasung. > Abb. 47

Zur Erzielung einer möglichst hohen Schalldämmung der Doppelverglasung (Isolierverglasung) sollten die einzelnen Scheiben eine unterschiedliche Koinzidenzgrenzfrequenz aufweisen. Dies wird durch die Wahl unterschiedlicher Scheibendicken erreicht.

Das Rahmenmaterial des Fensters spielt für die Schalldämmung in der Regel keine Rolle; mit Holz-, Kunststoff- und Metallfenstern lassen sich gleichermaßen hohe Schalldämmmaße erzielen. Entscheidend für den Schallschutz eines Fensters sind allerdings die Ausführung der Anschlussfugen zu den angrenzenden Bauteilen (Wand, Boden, Decke) sowie die Ausführung der Funktionsfugen (Fugen zwischen Rahmen und Flügeln). Bei den Anschlussfugen ist der Hohlraum zwischen Fensterrahmen und angrenzenden Bauteilen vollständig mit Dämmstoff (mineralische Dämmung, Schaumstoff usw.) zu füllen. Je nach den schalltechnischen Anforderungen an die Fensterkonstruktion empfiehlt sich die Ausführung einer beidseitig dauerelastischen Fuge. Zur Abdichtung der Funktionsfuge

O **Hinweis:** Erst ab Scheibendicken von 6 mm haben Verbundsicherheitsgläser schalltechnisch einen Vorteil gegenüber Einfachgläsern.

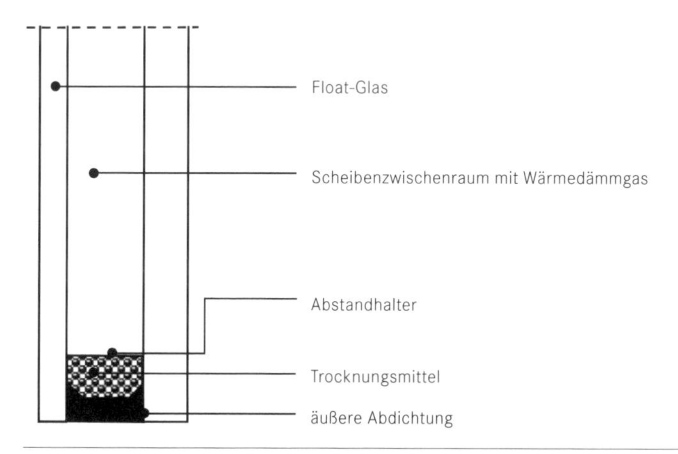

Abb. 47: Aufbau einer Doppelverglasung

können zwei- oder dreilagige Profildichtungen in unterschiedlichen Fensterebenen zu einer Verbesserung der Schalldämmung führen. Neben der Anzahl der Dichtungen ist ein ausreichender Anpressdruck der Dichtungen zum Erreichen der geforderten Schalldämmung notwendig.

Raumakustik

Die Raumakustik verfolgt das Ziel, die Hörsamkeit in einem Raum zu optimieren. Die Qualität der Akustik eines Raumes hat einen wesentlichen Einfluss auf das Verstehen von Sprache sowie auf die Übertragung musikalischer Darbietungen. Zusätzlich wird durch eine gute Planung der Raumakustik im Raum störender Schall vermindert. Die maßgeblichen Einflussgrößen auf die akustische Qualität eines Raumes sind die Raumgeometrie, das Raumvolumen (Primärstruktur) sowie die Ausführung der Bauteiloberflächen und der Einrichtungsgegenstände (Sekundärstruktur). Zusätzlich spielen die Anordnung des Raumes im Gebäude, die Schalldämmung der raumabschließenden Bauteile und eine mögliche Geräuschentwicklung haustechnischer Anlagen eine wichtige Rolle.

Je nach Nutzungsart ergeben sich unterschiedliche Anforderungen an die Raumakustik. In Unterrichtsräumen oder Hörsälen sollte im Idealfall überall eine gute Sprachverständlichkeit herrschen. Räume für musikalische Darbietungen sollten so beschaffen sein, dass sich der Klang der Musik voll entfalten kann. In Großraumbüros oder z.B. auch an Bankschaltern sollte die Hörsamkeit über kurze Entfernungen möglichst gut sein, während schon in geringer Entferung möglichst wenig von dem Gesprochenen hörbar sein sollte.

RAUMAKUSTISCHE KENNGRÖSSEN

Um die Vorgehensweisen in der Raumakustik verständlich zu machen, werden nachfolgend zunächst die Schallabsorption und die Nachhallzeit als physikalische Grundlagen erläutert.

Schallabsorptionsgrad und äquivalente Schallabsorptionsfläche

Der Schallabsorptionsgrad gibt den absorbierten Anteil der auf einer Oberfläche auftreffenden Schallenergie an. Er wird als einheitsloser Wert zwischen 0 (= keine Absorption) und 1 (= volle Absorption) angegeben. Der Schallabsorptionsgrad wird in der Regel nach einem genormten Verfahren in einem dafür geeigneten Hallraum ermittelt. > Abb. 48

Die äquivalente Schallabsorptionsfläche ergibt sich aus der Multiplikation des Schallabsorptionsgrads mit der jeweiligen Fläche, auf der die Schallenergie auftrifft. Dadurch erhält man eine Modellfläche, die vollständig absorbiert und deren Schallabsorptionsgrad somit 1 ist. Diese Fläche kann man sich wie ein offenes Fenster vorstellen. Die äquivalente Absorptionsfläche eines ganzen Raumes ergibt sich durch das Aufsummieren der einzelnen Teilflächen. Zusätzlich wird die äquivalente Absorptionsfläche durch Einrichtungsgegenstände, Personen, Vorhänge usw. beeinflusst.

Nachhallzeit

In der Raumakustik ist die Nachhallzeit das wichtigste raumakustische Kriterium. Sie wird definiert als die Zeit, die der Schallpegel

Abb. 48: Hallraum des Fraunhofer-Instituts für Bauphysik IBP in Stuttgart

benötigt, um in einem Raum nach dem Abschalten einer Schallquelle respektive nach dem Erzeugen eines ausreichend lauten Impulses um 60 dB abzufallen. > Abb. 49

Für einfache Räume kann die Nachhallzeit nach der Sabine'schen Formel berechnet werden: ○

$$T=0{,}163 \times \frac{V}{A}$$

mit:
V = Raumvolumen m^3
A = äquivalenter Schallabsorptionsgrad in m^2

○ **Hinweis**: Ein Teil der in den Absorber eindringenden Schallenergie wird in Wärme umgewandelt (Dissipation), ein weiterer Teil durchdringt das Bauteil durch den Absorber (Transmission).

○ **Hinweis**: Bei der Berechnung nach der Sabine'schen Formel werden lediglich das Raumvolumen und die äquivalente Absorptionsfläche, nicht aber spezielle Raumformen oder nachhallverlängernde Reflexionen über die Wände berücksichtigt. Bei größeren Räumen und Räumen mit komplexeren Geometrien empfiehlt sich daher der Einsatz eines 3-D-Berechnungsprogramms.

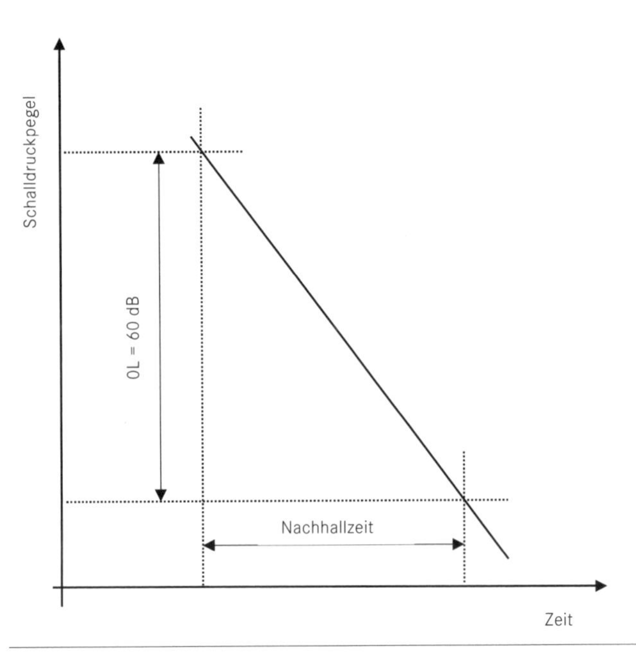

Abb. 49: Abklingkurve bei der Nachhallzeitmessung

Bei der Pegelabnahme in geschlossenen Räumen ist zu beachten, dass der Schallpegel aufgrund von Schallreflexionen an den Raumbegrenzungsflächen innerhalb einer gewissen Entfernung von der Schallquelle ortsunabhängig ist. Dieser Bereich wird als Direktfeld bezeichnet und ist abhängig vom Hallradius. Innerhalb dieses Hallradius überwiegt der Direktschallanteil. Im Bereich des Hallradius sind der Anteil aus direktem Schall und diffusem Schall gleich groß. Der Bereich außerhalb des Hallradius wird als Diffusfeld bezeichnet; hier überlagern sich Direktschall und reflektierender Schall. Der Schallpegel im Diffusfeld ist abhängig von den absorbierenden Eigenschaften des Raumes. > Abb. 50

○ **Hinweis**: Der Hallradius ist abhängig von der äquivalenten Absorptionsfläche und lässt sich wie folgt berechnen:

$$r_h = \sqrt{\frac{A}{16 \times \pi}}$$

mit:
A = äquivalenter Schallabsorptionsgrad

■ **Tipp**: Bei der Planung der Akustik eines Raumes und der Entscheidung, an welcher Stelle raumakustische Maßnahmen angeordnet werden sollen, ist die Ermittlung des Hallradius wichtig, denn erst an dieser Stelle sind schallabsorbierende Maßnahmen wirksam.

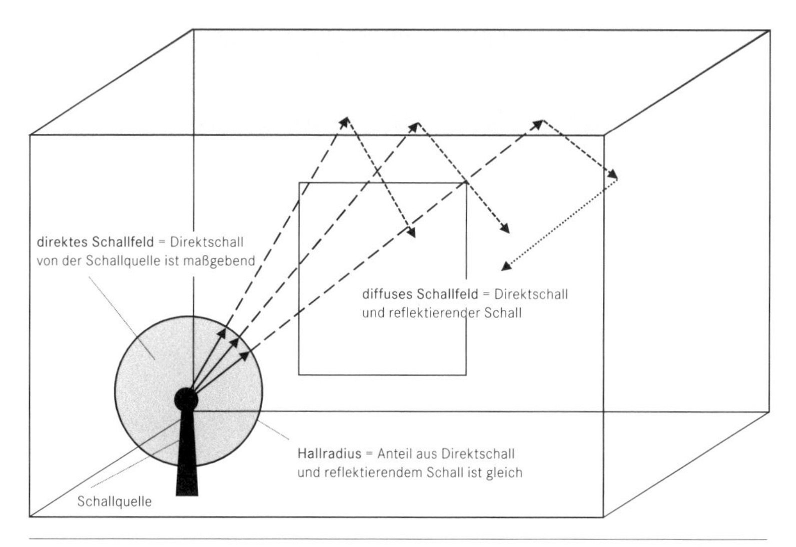

Abb. 50: Direktfeld, Hallradius, Diffusfeld

Weitere Kenngrößen zur Beurteilung der akustischen Qualität eines Raumes sind u.a. das Deutlichkeits- und Klarheitsmaß sowie der Sprachübertragungsindex (STI = Speech Transmission Index). Das Deutlichkeitsmaß dient als Beurteilung für die Klarheit und Silbenverständlichkeit von Sprache. Das Klarheitsmaß beschreibt die Durchsichtigkeit von Musik. Beim Sprachübertragungsindex wird die Sprachübertragung in Bezug auf ihre Sprachverständlichkeit beurteilt. Hiermit gehen neben den akustischen Randbedingungen auch Störgeräusche einher. Der Sprachübertragungsindex wird mit einem einheitslosen Wert zwischen 0 und 1 beschrieben. Tab. 5 zeigt, welches Maß an Sprachverständlichkeit beim jeweiligen STI-Index zu erwarten ist. ○

○ **Hinweis**: Der STI-Index dient zur Bewertung von Lautsprecheranlagen, die z. B. in Flughäfen, Bahnhöfen, Kaufhäusern und Schulen eingesetzt werden. Hier ist im Notfall eine ausreichende Hörbarkeit und Sprachverständlichkeit z. B. für Mitteilungen über eine Evakuierung notwendig. Das Verstehen von Konsonanten ist von entscheidender Bedeutung, da diese die Silbe bilden und dem Wort eine Bedeutung geben. In Unterrichtsräumen wird daher ein Sprachübertragungsindex von > 0,75 empfohlen.

Tab. 5: Beurteilungswerte des STI-Index

STI-Index	Sprachverständlichkeit
0-0,3	ungenügend
0,3-0,45	schlecht
0,45-0,5	genügend
0,6-0,75	gut
0,75-1,0	ausgezeichnet

SCHALLAUSBREITUNG IN RÄUMEN

Anders als bei der Schallausbreitung im Freien, bei der sich der Schalldruckpegel mit zunehmender Entfernung verringert, kommt es in Räumen zu Reflexionen und Mehrfachreflexionen an den Raumbegrenzungsflächen, wodurch sich ein diffuses Schallfeld ausbildet. Der Schalldruckpegel ist ab einem bestimmten Mindestabstand zur Schallquelle näherungsweise ortsunabhängig. Je nach Raumgeometrie und Absorptionsverhalten der Raumbegrenzungsflächen kommt es entweder zu Reflexionen oder, bei Räumen mit vielen absorbierenden Flächen, zu einer schnellen Absorption der Schallleistung. Dies wirkt sich auf die Höhe des Schalldruckpegels im diffusen Schallfeld aus.

RAUMAKUSTISCHE MASSNAHMEN

Bei der Planung der Raumakustik eines Raumes werden in der Regel schallabsorbierende Materialien eingesetzt. Bei Räumen mit Lärmquellen wie z. B. in Industriehallen, Werkstätten, Gastronomie usw. dienen diese der Lärmbekämpfung und der Reduktion des Schalldruckpegels. In Räumlichkeiten mit Anspruch an eine gute Raumakustik, z. B. Klassenräumen, Vortragssälen usw., dienen Schallabsorber zum einen der Regulierung der Nachhallzeit sowie zum anderen der Reduktion von Schallreflexionen. In der Praxis wird heute vorwiegend zwischen porösen Absorbern und Resonanz- oder Plattenabsorbern unterschieden. > Abb. 51

Poröse Absorber

Poröse Absorber dienen zur breitbandigen Schallabsorption vorwiegend bei hohen und mittleren Frequenzen. Zu den porösen Absorbern gehören z. B. Akustikputze, Faserdämmstoffe, Schaumkunststoffe und Akustikvorhänge. Bei den porösen Absorbern wird die Schallenergie durch Reibung in Wärmeenergie umgewandelt. Das setzt voraus, dass die Schallenergie möglichst tief in das Material eindringen kann. Das Material muss dafür möglichst offenporig sein und ein möglichst großes Luftvolumen im Vergleich zum Gesamtvolumen aufweisen. Zu beachten ist bei der Auswahl eines porösen Absorbers der längenbezogene Strömungswiderstand, der den Widerstand der eindringenden Schallenergie beschreibt. Ist der längenbezogene Strömungswiderstand zu groß, so kann der Schall nicht ausreichend in das Material eindringen. Ist der Widerstand zu ge-

Abb. 51: Poröser Absorber (Akustikputz)

ring, so durchdringt der Schall das Material und wird an einer dahinterliegenden Fläche reflektiert. ○

Neben den Materialeigenschaften und Abmessungen des porösen Absorbers spielt auch die Anordnung des Absorbers im Raum eine Rolle. Die Schallenergie wird durch Reibung abgebaut. Diese Reibungsverluste sind dort am größten, wo sich die Luftteilchen am schnellsten bewegen. Daher müssen poröse Absorber in einer bestimmten Dicke oder einem bestimmten Abstand von einer reflektierenden Wand- oder Deckenfläche, im Bereich des Schnellemaximums, angeordnet werden. Da die Wellenlängen λ von Luftschallwellen sehr unterschiedlich sind (tiefe Töne weisen lange Wellenlängen, hohe Töne kurze Wellenlängen auf), ist der Abstand von der betrachteten Frequenz abhängig. >Abb. 52

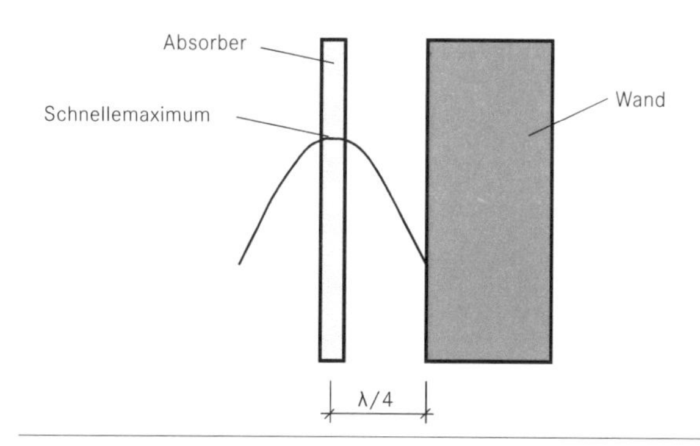

Abb. 52: Absorber z. B. Vorhang im Bereich des Schnellemaximums

○ **Hinweis**: Damit die auf einen Schallabsorber auftreffende Schallenergie ausreichend absorbiert werden kann, sollte beim Einsatz einer mineralischen Dämmung der längenbezogene Strömungswiderstand zwischen 5 kPa s/m und 40 kPa s/m gewählt werden.

Plattenresonatoren/
Lochplattenschwinger

Zur Absorption tiefer Frequenzen eignen sich Plattenresonatoren, die in der Regel aus einer dünnen, geschlossenen Platte beispielsweise aus Holzwerkstoff- oder Gipskarton mit dahinterliegendem geschlossenem Hohlraum bestehen. Um die schallabsorbierende Wirkung des Plattenresonators zu erhöhen, wird der Hohlraum mit einer mineralischen Dämmung gefüllt. Die Platten werden mit einer Holz- oder Metallunterkonstruktion an die Decke oder Wand montiert. Hierbei ist darauf zu achten, dass die Platte frei schwingen kann. Die geschlossene Platte und der geschlossene Hohlraum bilden ein Masse-Feder-System, das seine größte Wirkung im Bereich der Resonanzfrequenz aufweist. Bei geschlossenen Platten ist die Resonanzfrequenz vom Gewicht der Platte sowie vom Hohlraumabstand zur tragenden Konstruktion abhängig. > Abb. 53 ○

Neben der Ausführung mit einer geschlossenen Platte können Plattenresonatoren auch mit Öffnungen beispielsweise in Form von gleichmäßig verteilten Rundlöchern, Quadraten oder Schlitzen ausgeführt werden. Dabei handelt es sich dann um Lochplattenresonatoren. Für Lochplattenresonatoren können je nach Bedarf an die absorbierende Wirkung das Plattengewicht, der Hohlraumabstand und der öffenbare Anteil der Platte angepasst werden. > Abb. 54 und 55

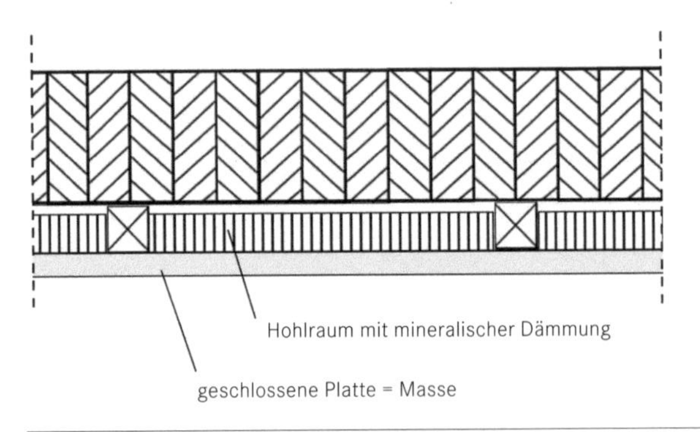

Abb. 53: Plattenresonator/Lochplattenschwinger

○ **Hinweis:** Damit die Platte gut schwingen kann, muss die Unterkonstruktion möglichst reduziert ausgebildet werden. Dabei ist der Abstand der Unterkonstruktion mindestens in 0,5 m und die freie Fläche in ca. 0,4 m^2 auszuführen.

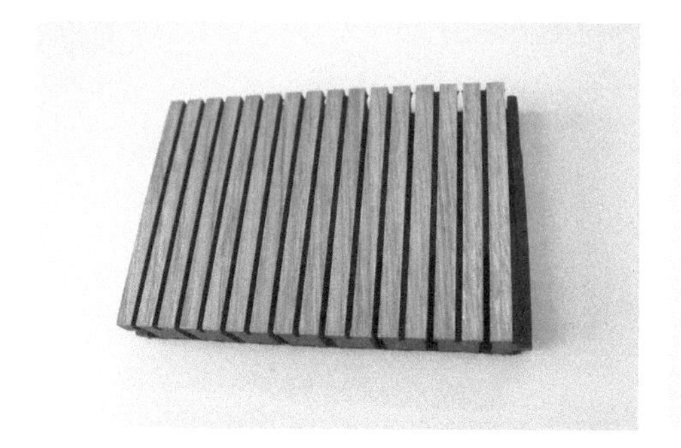

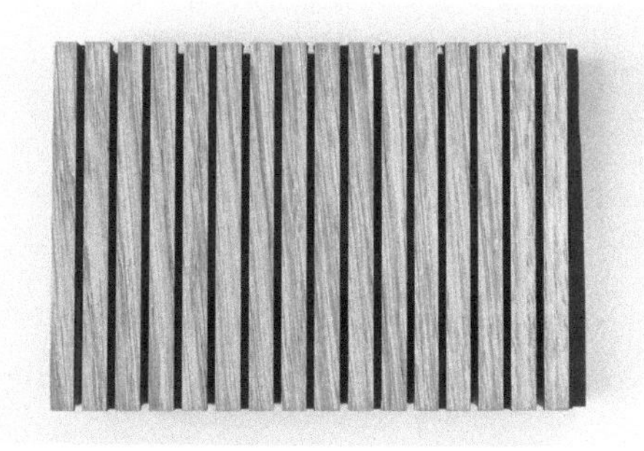

Abb. 54: Lochplattenresonator/offener Plattenresonator

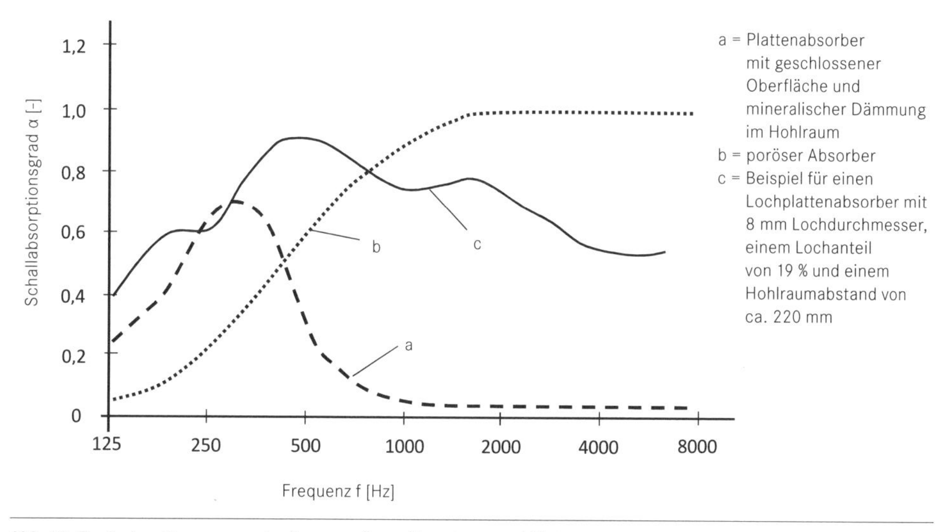

Abb. 55: Typischer Frequenzverlauf von porösen Absorbern und Plattenresonatoren

Helmholtzresonatoren

Helmholtzresonatoren können dazu dienen, den Schall zu verstärken oder zu absorbieren. Ein bekanntes Beispiel zur Verstärkung des Schalls sind Saiteninstrumente. Bei einer Akustikgitarre z. B. wird der Schall durch Ankopplung der Öffnung an den Gitarrenkorpus verstärkt. Hierbei bilden die Masse der Luft im Öffnungsloch (Resonatorhals) und die im dahinterliegenden Hohlraum eingeschlossene Luft ein Masse-Feder-System. Um den Schall zu absorbieren und diesem möglichst viel Energie zu entziehen, wird der Hohlraum beim Helmholtzresonator mit einer mineralischen Dämmung versehen und im Bereich der Resonatoröffnung

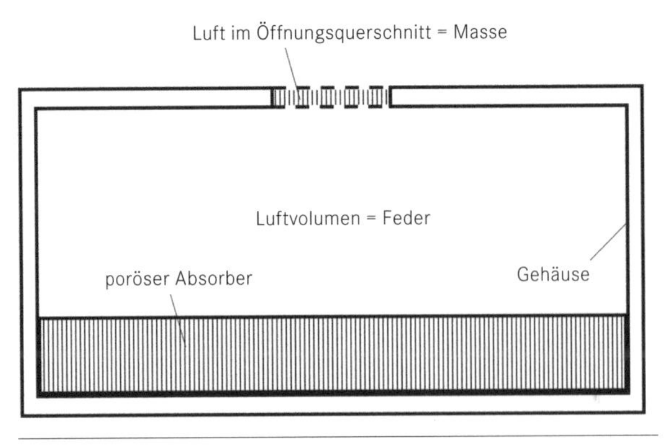

Abb. 56: Wirkungsweise von Helmholtzresonatoren

ein Vlies angebracht. Helmholtzresonatoren werden häufig zur Absorption tiefer, einzelner Frequenzen eingesetzt, wofür ein großes Raumvolumen notwendig ist. > Abb. 56

ANFORDERUNGEN RAUMAKUSTIK

Bei der Auslegung der Raumakustik sind die Räume so zu planen, dass die Akustik den Erwartungen des Hörers gerecht wird. Die Anforderungen und die Beurteilung bei Räumen des alltäglichen Gebrauchs wie z. B. Unterrichtsräumen, Vortragssälen, Besprechungsräumen, Büros usw. orientieren sich hauptsächlich an der Nachhallzeit. Häufig wird dabei zwischen Räumen unterschieden, bei denen es auf eine gute Hörsamkeit über mittlere und große Distanzen ankommt (Klassenräume, Hörsäle usw.), und Räumen für eine gute Hörsamkeit über geringe Entfernungen wie z. B. Büros, Schalterhallen, Bibliotheken.

Räume für eine Hörsamkeit über mittlere und große Distanzen

Für Räume mit einer Hörsamkeit über mittlere oder große Distanzen wird diese durch eine für die Nutzungsart entsprechende Nachhallzeit, die Berücksichtigung des Raumvolumens sowie gezielt angeordnete schallabsorbierende und schalllenkende Maßnahmen erreicht. Die Anforderungswerte an die Nachhallzeit werden in der Regel durch nationale Normen festgelegt. In Tab. 6 sind optimale Nachhallzeiten für Alltagsräume mit üblichem Raumvolumen aufgelistet.

Musikunterrichtsräume und Musikprobenräume erfordern eher eine längere Nachhallzeit, wobei die Anforderung stark von der tatsächlichen Nutzung abhängig ist. Musikräume für Gesangsunterricht erfordern beispielsweise eine längere Nachhallzeit, damit sich der Klang besser entfalten kann, während in Unterrichtsräumen für z. B. Schlagzeugunterricht aufgrund der Lautstärke eine höhere Raumbedämpfung und damit eine kürzere Nachhallzeit angestrebt werden sollte. In Musikunterrichtsräumen mit unterschiedlicher Nutzung empfiehlt es sich daher, eine

Tab. 6: Optimale Nachhallzeit je nach Raumnutzung

Raumnutzung	optimale Nachhallzeit bei 1000 Hz
Unterrichtszimmer	0,4–0,6 s
Hörsaal	0,9–1,1 s
Konferenz- und Besprechungszimmer	0,4–0,6 s
Musikübungszimmer	0,4–0,8 s
Turnhalle	1,2–1,4 s

Variabilität in der Nachhallzeit anzustreben. Dies kann z. B. durch Anordnung entsprechender Akustikvorhänge vor den Wandflächen erfolgen, die je nach Bedarf geöffnet oder geschlossen werden können.

Räumlichkeiten mit speziellen Anforderungen an die Hörsamkeit beispielsweise in Konzert- und Theatersälen benötigen eine intensive Planung der Akustik durch Spezialisten. In Tab. 7 sind ein paar Näherungswerte für eine optimale Nachhallzeit in Räumen für sprachliche und musikalische Darbietungen aufgelistet.

Störgeräuschpegel

Räume für Sprache und Kommunikation, insbesondere für Personen mit eingeschränktem Hörvermögen, erfordern eine hohe Direktschallübertragung vom Sprecher zum Hörer sowie eine Reduzierung der Nachhallzeit und von nachhallzeitverlängernden Reflexionen. Ebenfalls sollten Störgeräusche von draußen (Straßenverkehr, Gewerbe usw.), von benachbarten Räumen oder auch durch Lüftungsauslässe weitestgehend reduziert werden. Für eine ausreichende Hörsamkeit sollte das Störgeräusch mindestens 10 dB unterhalb des Sendepegels liegen. Je nach Nutzungsart des Raumes werden die in Tab. 8 dargestellten maximalen Schallpegel für Störgeräusche empfohlen.

Tab. 7: Näherungswerte für eine optimale Nachhallzeit in Konzert- und Theatersälen

Raumnutzung	optimale Nachhallzeit bei 1000 Hz
Sprachtheater	0,7–0,9 s
Musiktheater (Kammermusik)	0,9–1,4 s
Musiktheater (Oper)	1,2–1,6 s
Konzertsaal	1,7–2,1 s
Orgelmusik	2,3–2,7 s

Tab. 8: Werte für maximale Störgeräuschpegel

Nutzungsart	max. Störgeräuschpegel
Musikräume, Musikschulen	≤ 30 dB(A)
Räume für Sprache, Vorträge, Unterricht	≤ 35 dB(A)
Sporträume, Sporthallen	≤ 40 dB(A)

Tab. 9: Volumenkennzahl k nach Nutzungsart des Raumes

Nutzung des Raumes	Volumenkennzahl k [m³/Platz]
Räume für Sprache (z. B. Seminarräume)	3 bis 5
Hörsäle, Sprachtheater	4 bis 6
Mehrzwecksäle für Sprache und Musik	5 bis 8
Musiktheater	5 bis 8
Konzertsäle	7 bis 12

Volumenkennzahl

Bei der Planung von Räumen für sprachliche und musikalische Darbietungen sollte das Raumvolumen an die Anzahl der vorgesehenen Plätze/Personen angepasst werden. Hierbei sollte die in Tab. 9 dargestellte, jeweils in Bezug auf die Nutzung vorgegebene Volumenkennzahl k angestrebt werden.

Ist die Volumenkennzahl zu groß, können bei Räumen für Sprachdarbietungen aufgrund eines zu langen Nachhalls zusätzliche raumakustische Maßnahmen erforderlich werden. Bei Räumen für musikalische Darbietungen können zu kleine Volumenkennzahlen hingegen aufgrund der dann geringeren Nachhallzeit von Nachteil sein. Eine Korrektur solcher Räume ist dann in der Regel nur schwer möglich.

Räume für eine Hörsamkeit über eine geringe Entfernung

Bei Räumen mit Anforderungen an die Hörsamkeit über eine geringere Entfernung wird die Raumakustik über eine angemessene akustische Bedämpfung erreicht. Als Beurteilungskriterium kann z. B. das Verhältnis zwischen der äquivalenten Schallabsorptionsfläche und dem Raumvolumen dienen.

Besondere Maßnahmen sind bei der Planung der Raumakustik von Großraumbüros nötig. Einerseits soll die Kommunikation zwischen den Mitarbeitern problemlos möglich sein, anderseits sollen sich diese nicht gegenseitig stören. Hier sind neben einer ausreichenden Bedämpfung zusätzliche schallabschirmende Elemente (z. B. Bürostellwände) notwendig, um den Direktschall von Arbeitsplatz zu Arbeitsplatz zu reduzieren. ■

■ **Tipp:** In der Praxis stellt man häufig fest, dass die Nutzer selbst bei einer optimalen Planung der Raumakustik in Großraumbüros unzufrieden sind. In der Regel liegt das an einer zu großen Dichte der Arbeitsplätze. Ist eine Reduzierung der Arbeitsplatzdichte nicht möglich, kann eine gezielte Anhebung des Grundgeräuschpegels z. B. durch Sound-Masking helfen.

AKUSTISCHE GESTALTUNG VON RÄUMEN

Primärstruktur

Bei der Planung der Primärstruktur eines Raumes gibt es aus akustischer Sicht kein Optimum. Je nach Nutzungsart gibt es allerdings Raumformen wie z. B. kreisförmige oder elliptische Grundrisse, die sich vorteilhaft oder nachteilig auf die Raumakustik auswirken. Die Planung von Räumen für Sprach- und Musikveranstaltungen sollte das primäre Ziel haben, den Zuhörer mit ausreichend Direktschall sowie Anfangsreflexionen zu versorgen. Dies setzt voraus, dass der Sprecher oder das Orchester von ausreichend Reflexionsflächen umgeben sind. Für Räume oder Säle für Sprachveranstaltungen ist eine breite Raumgeometrie vorteilhaft, um die Distanz zwischen Sprechern und Zuhörern möglichst gering zu halten. Bei Räumen für Musikveranstaltungen hingegen eignen sich schmale, rechteckige Grundrisse in „Schuhkartonform" besonders, um auch die hinteren Reihen mit ausreichend Seitenwandreflexionen zu versorgen. Voraussetzung dafür ist, dass die Bühne auf der kurzen Raumseite platziert wird.

Für eine ausreichende Versorgung mit Direktschall eignen sich Sitzplatzerhöhungen. Sind diese aus funktionellen Gründen nicht möglich, kann der Bereich für die darbietenden Personen auch mit einem Podest oder einer Bühne versehen werden. > Abb. 57

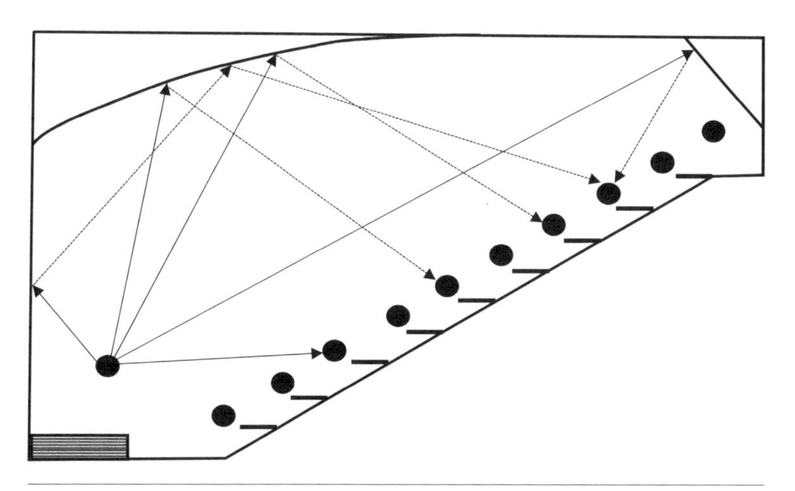

Abb. 57: Darstellung eines Hörsaals mit Sitzplatzerhöhung

Bei kreisförmigen und elliptischen Grundrissen sowie gekrümmten Wand- und Deckenflächen kann es zu unerwünschten Schallkonzentrationen kommen. Allerdings können gekrümmte Flächen auch gezielt zur Versorgung des Publikumsbereichs mit reflektierendem Schall eingesetzt werden. > Abb. 58

Neben Schallkonzentrationen kann es bei kreisförmigen Grundrissen durch streifenden Schalleinfall, also wenn sich der Sprecher im Wandbereich aufhält und in Richtung des Wandverlaufs spricht, zu Mehrfachreflexionen entlang der Wand kommen. Dieses Ereignis wird als „Flüstergalerie" bezeichnet, da aufgrund der Mehrfachreflexionen an der Wand selbst leises Reden auf der gegenüberliegenden Seite wahrgenommen werden kann. > Abb. 59 ●

Sekundärstruktur

Bei der Gestaltung der Sekundärstruktur eines Raumes geht es um die akustische Ausbildung der Wände und Decken. Die Raumakustik und damit die Übertragung eines Signals vom Sprecher zum Zuhörer werden durch geometrische und diffuse Reflexionen sowie durch absorbierende Materialien beeinflusst. ○

Durch die Anordnung von schallharten parallelen Wänden besteht die Gefahr, dass Flatterechos auftreten. Diese können durch eine leichte Schrägstellung der Wand von ca. 5° oder durch das Anbringen schallabsorbierender Materialien auf der jeweils gegenüberliegenden Wandseite reduziert werden. > Abb. 61

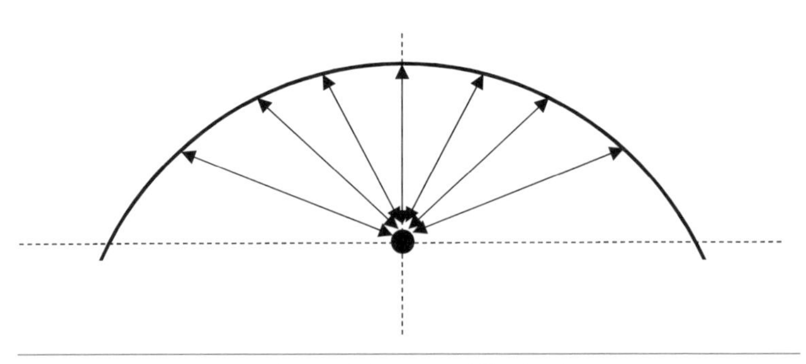

Abb. 58: Schallkonzentration durch gekrümmte, kreisförmige Formen

● **Beispiel**: Ein bekanntes Beispiel für eine Flüstergalerie ist die Kuppel der St.-Pauls-Kathedrale in London.

○ **Hinweis**: Bei Räumen für Sprachveranstaltungen sollte die Zeitverzögerung zwischen Direktschall und Anfangsreflexion maximal 50 ms betragen. Der Wegunterschied zwischen dem reflektierenden Schall des Sprechers zum Zuhörer sollte 17 m nicht überschreiten. > Abb. 60

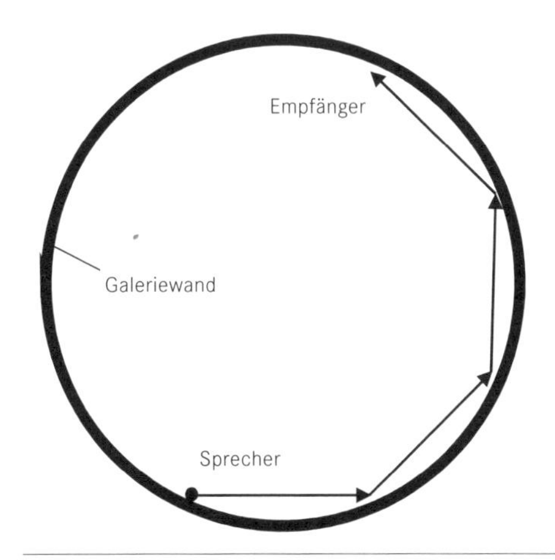

Abb. 59: Flüstergalerieeffekt

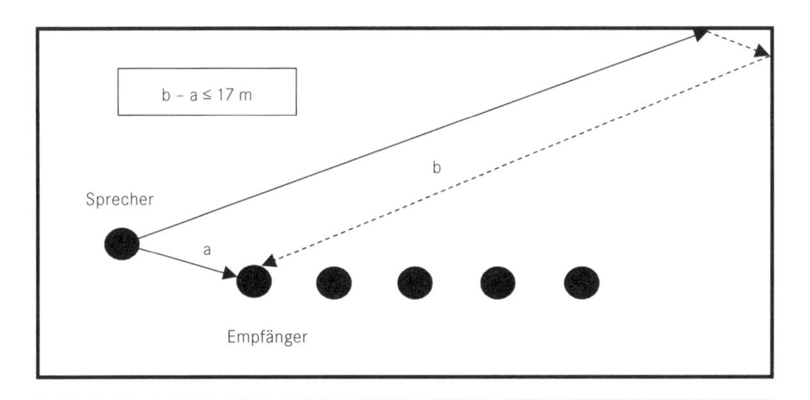

Abb. 60: Laufwegdifferenz

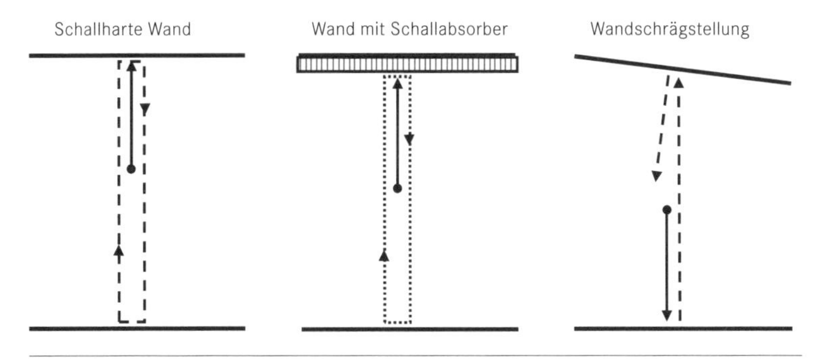

Abb. 61: Flatterechos und Maßnahmen zur deren Reduzierung

Anordnung akustisch wirksamer Flächen

Bei der Anordnung akustisch wirksamer Flächen in Räumen des Alltagsgebrauchs sollte im ersten Schritt die Deckenfläche angesetzt werden, um eine gleichmäßige Verteilung über den Raum zu erzielen. Für Räumlichkeiten, die lediglich eine wirksame Bedämpfung benötigen, empfiehlt es sich, die gesamte Deckenfläche anzusetzen. Ist der betrachtete Raum nur spärlich möbliert, so besteht die Gefahr, dass sich Flatterechos über die schallharten Wandflächen ausbilden. Sie können über zusätzliche akustisch wirksame Flächen an den Wänden unterbunden werden.

Bei Räumen, die eines hohen Maßes an Sprachverständlichkeit bedürfen (Unterrichtsräume, Vortragsräume usw.), sollte der mittlere Deckenbereich schallhart, also ohne schallabsorbierende Maßnahme, ausgeführt werden. Dies hat den Vorteil, dass die Sprache über die freie schallharte Fläche auch in die hinteren Reihen reflektiert wird. Ebenfalls sollten Teilbereiche der dem Sprecher gegenüberliegenden Wand unter der Verwendung schallabsorbierender Maßnahmen ausgeführt werden, um störende Schallreflexionen auf die Zuhörer, aber auch auf den Sprecher zu vermeiden (dies betrifft Räume mit Raumlängen größer als 9 m). Alternativ zur Anwendung absorbierender Materialien können schräggestellte Reflektoren im Bereich der Rückwand angebracht werden. Sie haben den Vorteil, dass sie die Schallenergie zusätzlich auf die hinteren Sitzreihen lenken. Schallabsorbierende Flächen an den Seitenwänden neben dem Sprecher, im Bereich der Rückwand hinter dem Sprecher oder an der Decke über dem Sprecher sollten vermieden werden, um die Schallenergie nicht unnötig zu reduzieren. Diese Flächen sollten in den mittleren und hohen Frequenzen schallreflektierend ausgeführt werden; gegebenenfalls sind diese Fläche als Tieftonabsorber auszubilden. > Abb. 62

Das Verlegen eines Teppichbodens als alleinige akustische Maßnahme ist nicht zielführend, da dieser in der Regel lediglich Töne im hohen Frequenzbereich absorbiert. Trotzdem kann die Wahl eines Teppichbodens sinnvoll sein, da er störende Geräusche wie z. B. durch das Rücken von Stühlen weitestgehend unterbindet. ○

○ **Hinweis**: Die oben beschriebene Anordnung der schallabsorbierenden Maßnahmen bezieht sich auf Unterrichtsräume für klassischen Frontalunterricht. Allerdings ist die freie Fläche im Deckenbereich bei Unterrichtsräumen mit „offenem" Unterricht zu überdenken.

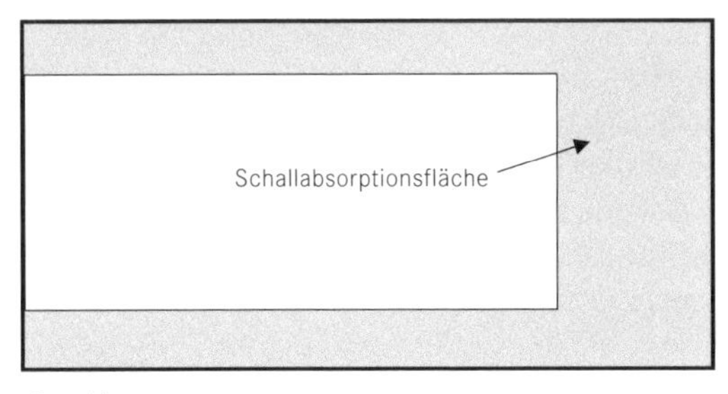

Grundriss

Vertikalschnitt

Abb. 62: Günstige Anordnung von schallabsorbierenden Maßnahmen in für Sprache vorgesehenen Räumen

INKLUSION UND BARRIEREFREIHEIT IN DER AKUSTIK

Besonders bei der Planung von Unterrichtsräumen und Vorlesungssälen sowie von Konferenz- und Sitzungszimmern gewinnt das Thema Barrierefreiheit in der Akustik eine immer größere Bedeutung. Die Qualität der Raumakustik ist für die Sprachverständlichkeit für Personen mit einer Hörschädigung, mit Konzentrations- und Aufmerksamkeitsstörungen oder auch für Personen mit Migrationshintergrund entscheidend. Für Räumlichkeiten, die für „Sprache" oder „Unterricht" genutzt werden und der Inklusion gerecht werden sollen, wird empfohlen, diese mit einer 20 % geringeren Nachhallzeit zu planen. Die Reduktion der Nachhallzeit sollte sich auf die für Sprache maßgebenden Oktavbänder zwischen 250 und 2000 Hz beziehen. Neben der besseren Sprachverständlichkeit profitieren die Nutzer auch von einem geringeren Störgeräuschpegel, sodass die jeweils sprechende Person ihre Sprachlautstärke reduzieren kann und sich somit weniger anstrengen muss. ○

○ **Hinweis:** Je lauter der Störgeräuschpegel, desto lauter müssen die Nutzer sprechen. Dadurch wird der Schallpegel zusätzlich erhöht. Dieses „Aufschaukeln" des Schallpegels wird auch als Lombard-Effekt bezeichnet.

NACHHALLZEITMESSUNG

Neben der in den vorigen Kapiteln beschriebenen Möglichkeit, die Nachhallzeit zu berechnen, besteht auch die Möglichkeit, diese messtechnisch zu erfassen. Dabei wird im jeweiligen Raum ein breitbandiges Signal eingespielt oder, bei einfachen Messungen, ein Impuls erzeugt. Nach dem Abschalten der Schallquelle wird der Abklingvorgang aufgezeichnet. Das eingespielte Signal muss sich deutlich vom Grundgeräuschpegel absetzen. Als Schallquelle ist z. B. ein Lautsprecher mit einer kugelförmigen Abstrahlcharakteristik (z. B. ein Dodekaeder > Abb. 63) zu verwenden. Bei der Positionierung des Lautsprechers und des Messmikrofons müssen Mindestabstände zum Fußboden, zur Decke und zu den umliegenden Wänden eingehalten werden. Ebenfalls ist auf einen Mindestabstand zwischen Lautsprecher und Messmikrofon zu achten, der über Normen geregelt ist.

Abb. 63: Dodakaeder

Schlusswort

Dieser Band vermittelt Grundlagenwissen für die umfangreichen Aufgabengebiete des Schallschutzes. Mit den beschriebenen Themen sollen die Studenten sensibilisiert werden, beim Entwerfen von Gebäuden und Bauteilkonstruktionen den Schallschutz frühzeitig in die Planung einzubeziehen.

In der Entwurfsphase eines Bauvorhabens können die Gebäudeausrichtung und die Grundrissgestaltung auch mit Blick auf den Lärmschutz entwickelt werden. Bei der Wahl der optimalen Außenfassaden sollen neben den gestalterischen, statischen, energetischen und brandschutztechnischen Aspekten auch die schalltechnischen Belange berücksichtigt werden.

Beim Entwurf der Gebäudegrundrisse kann der innere Schallschutz dahingehend Beachtung finden, als nach Möglichkeit keine lauten Räume direkt an schutzbedürftige Räume angrenzen sollen. Ebenfalls wird dem Leser vermittelt, welche Bauteilkonstruktionen möglich sind, um den inneren Schallschutz zu optimieren, und welche schalltechnischen Eigenheiten je nach Wahl der Konstruktion zu beachten sind.

Für die Planung von Räumen mit Anforderungen an eine gute Hörsamkeit werden dem Leser Hinweise gegeben, welche Raumgeometrien und Materialien im Hinblick auf die akustischen Anforderungen, die sich aus der geplanten Raumnutzung ergeben, geeignet sind. Ebenfalls wird erläutert, in welchen Bereichen raumakustische Maßnahmen angeordnet werden sollen, um eine gute Akustik zu erzielen.

Anhang

LITERATUR

DIN 4109-1:2018-01 Schallschutz im Hochbau - Teil 1: Mindestanforderungen, Beuth Verlag GmbH; Stand: 2018

DIN 4109-1:2018-01 Schallschutz im Hochbau - Teil 2: Rechnerische Nachweise der Erfüllung der Anforderungen, Beuth Verlag GmbH; Stand: 2018

DIN 18041:2016-03 Hörsamkeit in Räumen - Anforderungen, Empfehlungen und Hinweise für die Planung, Beuth Verlag GmbH; Stand: 2016

DIN 18005-1:2002-07 Schallschutz im Städtebau: Grundlage und Hinweise für die Planung, Beuth Verlag GmbH; Stand: 2002

W. Fasold, E. Veres: Schallschutz + Raumakustik in der Praxis: Planungsbeispiele und konstruktive Lösungen, Verlag für Bauwesen, Berlin; Stand: 2003

W. Fasold, E. Sonntag, H. Winkler: Bau- und Raumakustik, VEB Verlag für Bauwesen, Berlin; Stand: 1987

Informationsdienst Holz: Holzbauhandbuch-Reihe 3. Teil, 3. Folge, Holzbau Deutschland-Institut e. V. Berlin; Stand: 2019

C. Nocke: Raumakustik im Alltag: Hören - Planen - Verstehen, Fraunhofer IRB Verlag, Stuttgart; Stand: 2019

E. Säzer, G. Eßer, J. Maack, T. Möck, M. Sahl: Schallschutz im Hochbau - Grundbegriffe, Anforderungen, Konstruktionen, Nachweise, Ernst & Sohn, Berlin; Stand: 2014

VDI 2720 Blatt 1:1997-03 Schallschutz durch Abschirmung im Freien, Beuth Verlag GmbH; Stand: 1997

W. M. Wilems, K. Schild, D. Stricker: Schallschutz: Bauakustik. Grundlagen - Luftschallschutz - Trittschallschutz, Springer Vieweg, Wiesbaden; Stand: 2012

ABBILDUNGEN

Abbildung 14: Wikimedia Commons File:Ear-anatomy-text-small-zh.svg
Abbildung 48: © Fraunhofer-Institut für Bauphysik IBP
Abbildung 52: Hallraum des Fraunhofer IBP in Stuttgart
alle übrigen Abbildungen: Erstellung durch den Autor

EBENFALLS IN DIESER REIHE BEI BIRKHÄUSER ERSCHIENEN:

Entwerfen
Basics Materialität
M. Hegger, H. Drexler, M. Zeumer
ISBN 978-3-0356-0302-6

Als Kompendium erschienen:
Basics Entwurf
Bert Bielefeld (Hrsg.)
ISBN 978-3-03821-558-5

Darstellungsgrundlagen
Basics CAD
Jan Krebs
ISBN 978-3-0356-1961-4

Basics Freihandzeichnen
Florian Afflerbach
ISBN 978-3-03821-543-1

Basics Technisches Zeichnen
Bert Bielefeld, Isabella Skiba
ISBN 978-3-0346-0676-9

Konstruktion
Basics Betonbau
Katrin Hanses
ISBN 978-3-0356-0361-3

Als Kompendium erschienen:
Basics Baukonstruktion
Bert Bielefeld (Hrsg.)
ISBN 978-3-0356-0371-2

Berufspraxis
Basics Kostenplanung
Bert Bielefeld, Roland Schneider
ISBN 978-3-03821-530-1

Basics Projektsteuerung
Pecco Becker
ISBN 978-3-0356-1695-8

Als Kompendium erschienen:
Basics Projekt Management Architektur
Bert Bielefeld (Hrsg.)
ISBN 978-3-03821-461-8

Städtebau
Basics Stadtbausteine
Th. Bürklin, M. Peterek
ISBN 978-3-0356-1002-4

Bauphysik und Haustechnik
Basics Elektroplanung
Peter Wotschke
ISBN 978-3-0356-0931-8

Basics Wasserkreislauf im Gebäude
Doris Haas-Arndt
ISBN 978-3-0356-0565-5

Als Kompendium erschienen:
Basics Gebäudetechnik
Bert Bielefeld (Hrsg.)
ISBN 978-3-0356-0927-1

Erhältlich im Buchhandel oder unter
www.birkhauser.com

Reihenherausgeber: Bert Bielefeld
Konzept: Bert Bielefeld, Annette Gref
Lektorat: Sarah Schwarz
Projektkoordination: Annette Gref
Herstellung: Amelie Solbrig
Layout und Covergestaltung: Andreas Hidber
Satz: Sven Schrape

Papier: Magno Natural, 120 g/m²
Druck: Beltz Grafische Betriebe GmbH,
Bad Langensalza

Library of Congress Control Number:
2021931248

Bibliografische Information der Deutschen Nationalbibliothek
Die Deutsche Nationalbibliothek verzeichnet diese Publikation in der Deutschen Nationalbibliografie; detaillierte bibliografische Daten sind im Internet über http://dnb.dnb.de abrufbar.

ISBN 978-3-0356-2102-0
e-ISBN (PDF) 978-3-0356-2200-3
e-ISBN (EPUB) 978-3-0356-2204-1
Englisch Print-ISBN 978-3-0356-2103-7

Postfach 44, 4009 Basel, Schweiz
Ein Unternehmen der Walter de Gruyter GmbH,
Berlin/Boston

9 8 7 6 5 4 3 2 1

www.birkhauser.com